新　視　野
中華經典文庫

新 視 野
中華經典文庫

名譽主編
饒宗頤

導讀及譯注
梁萬如

列子

中華書局

新視野中華經典文庫

列子

□
導讀及譯注
梁萬如

□
出版
中華書局（香港）有限公司
香港北角英皇道 499 號北角工業大廈一樓 B
電話：（852）2137 2338　傳真：（852）2713 8202
電子郵件：info@chunghwabook.com.hk
網址：http://www.chunghwabook.com.hk

□
發行
香港聯合書刊物流有限公司
香港新界大埔汀麗路 36 號
中華商務印刷大廈 3 字樓
電話：（852）2150 2100　傳真：（852）2407 3062
電子郵件：info@suplogistics.com.hk

□
印刷
深圳中華商務安全印務股份有限公司
深圳市龍崗區平湖鎮萬福工業區

□
版次
2014 年 6 月初版

□
規格
大 32 開（205 mm × 143 mm）

□
ISBN：978-988-8290-53-6

出版説明

為什麼要閱讀經典？道理其實很簡單——經典正正是人類智慧的源泉、心靈的故鄉。也正是因此，在社會快速發展、急劇轉型，因而也容易令人躁動不安的年代，人們也就更需要接近經典、閱讀經典、品味經典。

邁入二十一世紀，隨着中國在世界上的地位不斷提高，影響不斷擴大，國際社會也越來越關注中國，並希望更多地了解中國、了解中國文化。另外，受全球化浪潮的衝擊，各國、各地區、各民族之間文化的交流、碰撞、融和，也都會空前地引人注目，這其中，中國文化無疑扮演着十分重要的角色。相應地，對於中國經典的閱讀自然也就有不斷擴大的潛在市場，值得重視及開發。

於是也就有了這套立足港台、面向海外的「新視野中華經典文庫」的編寫與出版。希望通過本文庫的出版，繼續搭建古代經典與現代生活的橋樑，引領讀者摩挲經典，感受經典的魅力，進而提升自身品位，塑造美好人生。

本文庫收錄中國歷代經典名著近六十種，涵蓋哲學、文學、歷史、醫學、宗教等各個領域。編寫原則大致如下：

（一）精選原則。所選著作一定是相關領域最有影響、最具代表性、最值得閱讀的經典作品，包括中國第一部哲學元典、被尊為「羣經之首」的《周易》，儒家代表作《論語》、《孟子》，道家代表作《老子》、《莊子》，最早、最有代表性的兵書《孫子兵法》，最早、最系統完整的醫學典籍《黃帝內經》，大乘佛教和禪宗最重要的經典《金剛經》、《心經》、《六祖壇經》，中國第一部詩歌總集《詩經》，第一部紀傳體通史《史記》，第一部編年體通史《資治通鑒》，中國最古老的地理學著作《山海經》，中國古代最著名的遊記《徐霞客遊記》，等等，每一部都是了解中國思想文化不可不知、不可不讀的經典名著。而對於篇幅較大、內容較多的作品，則會精選其中最值得閱讀的篇章。使每一本都能保持適中的篇幅、適中的定價，讓普羅大眾都能買得起、讀得起。

（二）尤重導讀的功能。導讀包括對每一部經典的總體導讀、對所選篇章的分篇（節）導讀，以及對名段、金句的賞析與點評。導讀除介紹相關作品的作者、主要內容等基本情況外，尤強調取用廣闊的「新視野」，將這些經典放在全球範圍內、結合當下社會生活，深入挖掘其內容與思想的普世價值，及對現代社會、現實生活的深刻啟示與借鑒意義。通過這些富有新意的解讀與賞析，真正拉近古代經典與當代社會和當下生活的距離。

（三）通俗易讀的原則。簡明的注釋，直白的譯文，加上深入淺出的導讀與賞析，希望幫助更多的普通讀者讀懂經典，讀懂古人的思想，並能引發更多的思考，獲取更多的知識及更多的生活啟示。

（四）方便實用的原則。關注當下、貼近現實的導讀與賞析，相信有助於讀者「古為今用」、自我提升；卷尾附錄「名句索引」，更有助讀者檢索、重溫及隨時引用。

（五）立體互動，無限延伸。配合文庫的出版，開設專題網站，增加朗讀功能，將文庫進一步延展為有聲讀物，同時增強讀者、作者、出版者之間不受時空限制的自由隨性的交流互動，在使經典閱讀更具立體感、時代感之餘，亦能通過讀編互動，推動經典閱讀的深化與提升。

這些原則可以說都是從讀者的角度考慮並努力貫徹的，希望這一良苦用心最終亦能夠得到讀者的認可、進而達致經典普及的目的。

「弘揚中華文化」是中華書局的創局宗旨，二〇一二年又正值創局一百週年，「承百年基業，傳中華文明」，本局理當更加有所作為。本文庫的出版，既是對百年華誕的紀念與獻禮，也是在弘揚華夏文明之路上「傳承與開創」的標誌之一。

需要特別提到的是，國學大師饒宗頤先生慨然應允擔任本套文庫的名譽主編，除表明先生對本局出版工作的一貫支持外，更顯示先生對倡導經典閱讀、關心文化傳承的一片至誠。在此，我們要向饒公表示由衷的敬佩及誠摯的感謝。

倡導經典閱讀，普及經典文化，永遠都有做不完的工作。期待本文庫的出版，能夠帶給讀者不一樣的感覺。

中華書局編輯部

二〇一二年六月

目錄

《列子》導讀 ○○一
天瑞篇 ○一九
黃帝篇 ○四五
周穆王篇 ○六三
仲尼篇 ○八四
湯問篇 一一七
力命篇 一五六
楊朱篇 一七八
說符篇 二一八
名句索引 二四三

《列子》導讀

梁萬如

按《漢書・藝文志》所記，《列子》一書共有八篇。經東晉張湛搜尋、整理及編錄，後由劉向校訂，就成為現在我們所看到的《列子》。《列子》又名《沖虛真經》、《沖虛至德真經》。唐玄宗崇尚道教，對道家思想推崇備至，於是在天寶元年（七四二年）封列子為沖虛真人，尊稱《列子》為《沖虛真經》。後來，宋真宗景德四年（一〇〇七年）加「至德」二字，《沖虛真經》更名為《沖虛至德真經》。

列子其人

列子，按張湛所說，姓列，名禦寇，又叫圄寇，戰國時鄭人，屬道家人物。《漢書・藝文志》說：「名圄寇，先莊子，莊子稱之。」《莊子》有〈列禦寇〉、〈至樂〉、〈達生〉及〈讓王〉等篇，當中都有提及列子可以御風而行的文字。《爾雅疏》提及《尸子・廣澤》：「墨子貴兼，孔子貴公，皇子貴衷，田子貴均，列子貴虛，料子貴別，囿其學之相非也數世矣。」《呂氏春秋》在〈審分覽·不二〉篇之中概括諸子的學說：「老耽貴柔，孔子貴仁，墨翟貴廉，關尹貴清，子列子貴虛，陳駢貴齊，陽生貴己，孫臏貴勢，王廖貴先，兒良貴後。」從這些引述可略知列子其人及其學說的主張，列子與諸子並列，可見列子在古代的學術思想界佔有一定的學術地位。

《四庫全書總目提要》更說過：「此書皆稱『子列子』，則決為傳其學者所追記，非禦寇自著。其雜記列子後事，正如《莊子》記莊子死，《管子》稱吳王西施，商子稱秦孝公，不足為怪。」用「子」放在「列子」之前來作稱呼語，是學生敬師的表現，單單由稱呼，已可見尊稱列子的後學記錄老師學說事跡的一鱗半爪。

《列子》的真偽

日本學者南郭服元喬在延享本的序言中說《列子》與《莊子》同出並行，但太史公只記錄《莊子》不傳《列子》，令後世把《列子》視為偽書。服元喬認為二書各有所長，現在的版本受注釋所影響，有不少後人所加的言說，讀者需要自行分辨。

《沖虛至德真經》開首有劉向的〈列子書錄〉和張湛的〈列子序〉。劉向把校訂《列子》篇章的經過，簡單說明了一遍，並定性列子的思想為清虛無為，屬道家一派。至漢孝景帝（公元前一八八—公元前一四一年）時，由於上位者崇尚黃帝、老子的思想，《列子》在當時頗為流行。此書後來遺落民間，流傳不廣，書中多載寓言，與老莊思想相類，司馬遷不作記錄。張湛則在序中簡述了收集及整理《列子》的經過，也把書的旨趣概括了一下。特別之處是張湛提到此書大概同屬老莊的思想之餘，也說看此書可以與佛經相參。張湛更說，莊子、慎到、韓非子、尸子及淮南子多處引述《列子》，所以此書有一定的學術價值。張湛為此書作注釋並非偶然。

自唐代以來，《列子》的真偽成為研究和討論的重點。翻開《列子》，不難發現書中摻雜了不少其他典籍的文字，抄襲剽竊成為爭論的焦點。最早的討論文字見於唐代柳宗元〈辨列子〉一文，柳氏懷疑《列子》有些內容不盡不實，但是他又讚揚《列子》一書表現出的淡泊隱逸和質厚的文字風格，更肯定書中的文辭與莊子類同。其後，很多學者都一面倒質疑《列子》的內容並非原創，繼有朱熹、高似孫、葉大慶、黃震、宋濂、姚際恒、錢大昕、姚鼐、鈕樹玉、吳德旋、俞正燮、何治運、李慈銘、光聰諧等。綜合他們的觀點，有以下這些：

1.《列子》一書乃由抄襲而來；

2. 並無列禦寇此人，其人乃虛構人物；

3. 認為《列子》書中所表現的思想，看似接近老莊，其實骨子裏不是老莊的思想；

4. 該書糅合了佛教輪迴的思想；

5. 書中某些用語出現在先秦之後，似漢代的文字等等。

及至近代，有關《列子》真偽的研究更形熾烈，有陳三立、梁啟超、馬敍倫、顧實、呂思勉、劉汝霖、陳旦、陳文波、楊伯峻、季羨林等。當中馬敍倫提出二十個疑問，證明《列子》成書，是出於魏晉好事之徒，抄襲《管子》、《晏子》、《論語》、《山海經》、《墨子》、《莊子》、《尸佼》、《韓非》、《呂氏春秋》、《韓詩外傳》、《淮南》、《說苑》、《新序》和《新論》等，作成八篇。日本學者武義內雄卻提出相反的意見，不認同馬氏所說。也有學者如馬達，為《列子》翻案，提出還《列子》本來面目的觀點。

這些有關《列子》真偽的研究，提供了不少思維向度，優化了讀者的閱讀策略，豐富了閱讀《列子》時，所可以採取的閱讀立場。當然，考證太過，往往容易忽略典籍的思想內容；但是無視考證，人云亦云，全盤接收，也並非好方法。因此，在閱讀前不妨先了解一下古籍的背景資料，做些資料搜集，辨別一番才下判斷。閱讀若得其法，理解的層次定必提高不少。

《列子》的篇章

今本《列子》共有八篇，合共一百四十三章。據張湛在〈列子序〉中說，自己由於種種因緣，輾轉得到王粲家中書將近萬卷，後來為了逃避戰亂，想載運所有書本離開，但是載運近萬卷書實在不是易事，於是取其重要和稀有的，當中就有《列子》八篇。及後到了江南，不少書已失佚了。後來在王氏的外甥劉正輿家中得到四卷，又從王弼女婿家得到六卷，參校之下，張湛就編成現在的八卷。書本失落的事情暫且不去探究，但是今本《列子》是後來的結集，並非原來的《列子》卻是很清楚的。據統計，今本《列子》說理文字有三十五章，故事文字有一百零八章。學者馬敍倫、楊伯峻、錢鍾書、岑仲勉、嚴靈峰、蕭登福、許抗生、季羨林及譚家健已經關注到，在一百零八章之中，有五十八章與先秦、漢、魏晉的古籍相同，依譚家健綜合分析，可表列如下：

列子各篇	與古籍相同	章數
天瑞	莊子、孔子家語、荀子	4
黃帝	莊子、山海經、呂氏春秋、博物志、淮南子	16

（接上表）

周穆王	穆天子傳	1
仲尼	孔子家語、說苑	1
湯問	淮南子、山海經、墨子、新論、論衡、博物志、呂氏春秋、佛經	7
力命	國語、史記、莊子、晏子春秋、戰國策	4
楊朱	說苑	1
說符	呂氏春秋、韓非子、莊子、說苑、淮南子、荀子	23

既然著作並非出自一人之手，內容難免駁雜不純。至於誰引用誰，或誰抄錄誰或要更多的考證材料才能確定。但是從上表可以推知，張湛的校訂並不在還原《列子》的真貌，而今本《列子》反倒可以看作是經歷漢、魏晉人增益的本子。如果暫時放下這五十八章不看，餘下的八十五章大抵是《列子》所獨有，這些章節就成為了可資討論和可供研究的根據。

本書所選的章節，就以此八十五章為對象，排除了與其他古籍相同的部分，還《列子》一個真面目。

一、兩行的道家思維方式

列子所思考的問題與先秦道家有吻合之處。列子一般被認為是道家人物，因為《列子》的運思方式，跟老莊有不謀而合之處。〈天瑞篇〉有杞人憂天的寓言故事，杞國人憂天會塌下來，但有相反的意見，認為天不會這樣。會塌或不會塌，是二元思考方式，非此即彼，即邏輯的排中律。問題是，任取一邊，各持己見，就會造成是非不休、紛爭不斷的情況。《莊子・齊物論》就提出過兩行的概念，教人不取兩邊，免卻紛擾，安住於自然閒靜的境地。列子用了杞人憂天的故事，把這個道理實踐出來。究竟天地會不會崩壞？列子在最後補充說，說天地崩壞不對，說天地不崩壞也不對。列子認為我們不應選取是與非的任何一邊，參與「對或不對」的判斷，因為選取任何立場，都難免陷入紛爭之中，使自己不得安寧。就正如我們不知生，也不知死；不知來，也不知去。既然不知，何必費心呢？

〈力命篇〉有西門子與北宮子的故事。北宮子與西門子比較，認為自己的輩份、家族、年齡、容貌、言行都與西門子相若，但賤貴、貧富卻大大不同。因此北宮子以自己為辱，很不開心。北宮子後來碰見東郭先生，得東郭先生的開解，才明白一切非關天意，也非人為，無所為而為。北宮子最後以貧窮為富有，以弱勝強，不去分別榮辱，得自然之道。

是也對，不是也對，不着兩邊的思考，道家叫兩行。

二、列子的貴虛思想

古今學者都提過列子貴虛，列子怎樣理解「虛」呢？這與人生有什麼關連？老子在《道德經》說過：「致虛極，守靜篤。萬物並作，吾以觀復。」人能虛，人才能藏；人能靜，人才能動。能虛能靜，萬物才有可以運作的根本。《列子．仲尼》說：「得意者無言，進知者亦無言。用無言為言亦言，無知為知亦知。無言與不言，無知與不知，亦言亦知；亦無所不言，亦無所不知，亦無所言，亦無所知。」無言是虛的表現，因為無言，所以才可以得意和進知，試問終日游談無根，心會有閒暇去接受新的事物嗎？真正的無言和無知並非單憑所說，說「無言」仍是運用了言語，並非真正的無言，仍是有言，仍佔據言說的空間，使人不得進言；同理，說「無知」仍是運用了知識，並非真的無知，仍是有所知，仍然佔住了思維空間，新的知識不能接受，就是不知。

要無所不言，無所不知，必須要無所言，無所知。因為無言，才能虛，才能讓言語自然流出，有了空間，言語自然有表達餘地。因為無知，才能虛，才能讓新知自然進入，有了空間，新知自然有汲取的可能。淘空了，才可以盛載。對於有言與無言、有知與無知的理解，與《莊子·齊物論》所說無異。解決彼亦一是非，此亦一是非，其方法是不着重任何一方，卻掌握是與非、虛與實之間兩者的互動，這樣就可以「得其環中，以應無窮」。

三、列子對人生階段的思考

對於人生，列子所着力的並非貨財、名利、權位、美色的獲得，列子從變化的角度看人生，不從「獲得」去看人生。在〈天瑞〉篇中，列子概括了人的一生。他從兩個方面去看人生：(1) 變化；(2) 階段。他認為天地默默運轉，不停起着變化，有誰會察覺得到？事物不會一下子就出現，其間有一個漫長的過程，就像人一生下來，身體漸漸起着變化，人的外貌、氣色、智力、形體，沒有一天相同；皮膚、指甲、頭髮，接着出現，接着脱落，自嬰孩時期開始，一直到人徐徐老去，最後死亡。其間的變化不可覺察，通常人在後來反思，才得知變化已經開始了。

人生的變化可以從人生的不同階段體現出來，人由出生到老死，有四個變化的階段：嬰孩，少壯，老年，死亡。人在嬰孩的階段，心志專一，不會受物欲所牽累。到了少壯階段，血氣方剛，容易受到物欲蒙蔽。及至老年，欲望退去。到了死亡的階段，一切都要停下來。列子很看重這四個階段，認為是人生階段不同的變化。重要的是，物欲影響着人生的變化，令人由高尚變成低俗。當人年紀漸長，物欲的支配力又會減弱，一直到人死去。

四、列子談死亡

因為人生不斷在變化，人由出生到死去，是變化的規律，既然是規律，就沒有什麼可以說的了。談到死亡，列子也以人生的規律去看。不過，他將死亡比喻為休息，把死亡視為回家。〈天瑞篇〉提到隱士林類，隱士跟孔子弟子子貢說了一番話，帶出生存和死亡其實是同一回事。死不是終結，是另一階段的生活。生存不必勝過死亡，死亡也可勝過生存，沒有誰比誰更有價值，所以不必對死亡特別產生困惑。如果真要對死亡產生困惑，也可對人生感憂傷。活在當下，滿足於既有條件，不汲汲營求名位與貨財，各種事物都有自身的價值和位置，安於生也安於死，這才是生死之道。

依列子的看法，死亡與生存，兩者只是人生的階段。生存有快樂，也有痛苦；老去有疲憊，也有安逸；死亡有厭惡，也有安息。看事物不能只看一面，要從事物的相對性看，看到快樂和憂傷，疲憊與安逸，厭惡與安息，失去與獲得，甚至譭與譽。因此，死亡是人生的一個階段，就像離開家園後，再次回到家園的一個階段。回家是必然的，是必經的，不回家反而是放任，流連在外。同時，留戀世間，在世間營營役役，有太多責任，不想離開，也同樣是放任，是流連不返。

五、神人、至人的形象

《列子》多處提及擁有超凡能力的理想人格。首先是〈黃帝〉篇記錄了有關神人的故事：在列姑射山上，有神人居住。這位神人吸風飲露，不吃五穀；心中潔淨，形象高尚；不親，不愛；不畏懼，也不發怒；不施與，也不受惠；不積聚，也不收取；四時大地變化一切如常。這位神人不落入凡塵，超脫於現實的相對性。形象近似神仙，不食人間煙火。如此神聖的描述，令人眼前一亮。

然後是有關至人的描述。有別於上述的神人形象，這位理想人格就親民得多。他叫商丘開，是個平凡的農夫。從外表看來他只是個普通小人物，一旦遇上奮發的目標，平凡的人就變得不平凡，甚至能突破物理的極限，在水中不會窒礙，走入火中不會灼傷，在萬物之上行走不會害怕。華胥氏之國裏面的老百姓也一樣，入水不溺，入火不熱。為什麼他們可以做到水火不侵呢？依照《列子》所說，只要本性不離無染，心中沒有死生的驚恐，遇事就不會害怕。聖人懷抱自然，順應自然，事物不能傷害他。所謂順應自然，就是不停留於只看事物的開始與終止的現象變化，不執於兩端，順着事物的規律，自然而然，事物就不能傷害了。

雖然這位神人也在《莊子》和《山海經》兩書之中出現，但是以敍述詳盡來說，《列子》的確表達得更為鮮明，可以說，〈黃帝〉篇的理想人格形象，對道教塑造成仙的形象影響至巨。

六、保留楊朱為己的思想

《列子》有〈楊朱篇〉，以追求快樂為人生的目標。這一點與道家所說的應世思想不太相同，但是其論說的方式，則又接近道家的二元相對思考。

楊朱認為人既出生，不必去想長生和死亡，因為那是無法掌握的事實，不如聽任自己的欲望，不去理會這些人生的限制，讓自己安逸快活，直至壽終。特別是人生的譭譽，譭譽是人愛名聲所產生的，名聲是好是壞，往往令人無所適從，令人不得安逸。有時虛偽一下，順應自己的本性，會活得更為踏實。

孟孫陽曾問楊朱愛惜身體，祈求不死，可以嗎？楊朱回答說沒有不死的道理。孟孫陽又問那麼祈求長生可以嗎？楊朱回答說沒有長生的道理。於是孟孫陽說如果這樣，立即死去比長生還好，對吧？楊朱則認為既然生存，就不管了，聽任他，滿足自己的欲望，直至死亡。就算行將就木，也不用去管，全都聽任自然，不必害怕生命的長短。

因此，自己的快樂更比其他重要，自己所擁有的更比他人重要。一根毫毛的價值比全體價值更大，所以楊朱說損自己分毫去救助他人，他是不會的。禽滑釐曾問楊朱：「拔去你身上的一根毫毛來救濟世間，你做嗎？」楊朱說：「世間本來就不是一根毫毛所能救濟的。」禽滑釐說：「假設可以救濟，你做嗎？」楊朱不回應。後來禽滑釐問孟孫陽，才得知楊朱的價值取向。

七、精闢的寓言

《列子》最精彩的地方在於記錄了百多個寓言故事，很多故事成為膾炙人口的經典。這些故事有些表達了普世的價值，有些充滿科學、醫理的構想，某些故事情節更帶出心理分析的概念，影響後世的文學創作。

〈說符〉有個故事說齊國的貴族田氏祭祀祖先，前來祭祀的客人有上千人。他們都獻上魚和鵝作為禮物。田氏說來有點感慨：上天對百姓的恩德深厚啊！種植五穀、養殖魚鳥來供我們吃喝享受。在座有個鮑家的孩子，他只有十二歲，回應說：天地萬物和人一起生活，同屬生物一類。人和萬物沒有貴賤之分，只是形體大小和智力的不同而互相牽制，互為食用，更不能說某某是為對方而生。物無貴賤的思想在《莊子・秋水》中也有，即「以道觀之，物無貴賤」的觀點。這個生而同等，沒有高下貴賤的看法，是對以人為尊，以人為天地的中心，其他為賤為邊緣的想法的否定。一如齊物的思想，體現了萬物平等的普世價值。

再如扁鵲換心的故事，也讓人大開眼界。扁鵲是位大聖手，為了把兩個求醫的人醫好，施行了換心的手術。病人吃藥酒，失去知覺，醫生動手術，病人醒來回家，整個過程，與現代的醫理頗為類近。後來手術成功，二人各自歸家，可是家人不認得自己，後來吵至對簿公堂，經扁鵲解說後事情才告終。其實，要讀懂這個故事，可能要花點力氣，換心不同換臉，為什麼家人認不了自己？《列子》似要說明人心的重要。心是整個身體的樞紐，心換了，整個人就換成了另外一個人，雖然樣子不變，但是思想感情已經不同了。這個換心的構想，在古代的醫學上是空前的。

在〈周穆王〉之中，有個關於夢境的故事，對後世小說以夢境為題闡述人生頗有啟發。故事說周國有位姓尹的富翁，常常吩咐僕人做這做那，讓他們忙個不休。有個老僕人，白天辛苦幹活，夜裏睡覺夢見自己當了國王。身在萬人之上，管理全國之事。在宮廷中尋歡作樂，非常開心。但是，早上醒來又要繼續幹活去。白天當僕人，夜裏做國王，沒有什麼可以埋怨的了。與此同時，原來那位富翁白天為了打點事情，勞累得很。晚上睡覺夢見自己做了僕人，四處奔走，苦不堪言。富翁求助於朋友，朋友說這是自然而然的事，人想在白天和夢裏同時擁有兩種快樂是不可能的。朋友的心理分析對富翁起了不少作用，富翁聽後，就減少僕人的工作，也減少自己的勞累，痛苦就又減少了。這個故事用了對比的手法，帶出事情相反亦相成的道理，要去掉現實人生的相對性，把極端的想法拋開，由此解開心中的鬱結。夢境與真實，一虛一實，由虛說實，指導人生。

〈湯問篇〉有替父報仇的曲折故事。魏國的黑卵殺死了丘邴章，丘邴章的兒子來丹想替父報仇。但是來丹瘦弱得很，只吃數粒飯而已，弱不禁風。黑卵則兇悍無比，可以以一敵百，刀槍不入。來丹後來找衞國人孔周借寶劍，孔周說寶劍不可殺人，只能傷人。來丹沒有多作考慮，就在含光、承影及宵練三把寶劍之中，選了可以察看形狀的宵練。來丹拿着劍，跟蹤黑卵，趁黑卵酒醉醉臥在窗下時，將他從頭頸到腰部連斬三下。黑卵毫無知覺，來丹以為黑卵已經死了。恰巧在門外碰見黑卵的兒子，來丹又連斬他三下。黑卵的兒子以為來丹在戲弄他，來丹知道這種寶劍不能殺人，歎着氣回去。黑卵及他的兒子後來感覺身體劇痛，而故事就此結束。這是以弱勝強的一個故事。來丹瘦弱無力，竟可藉寶劍傷黑卵於無形。

至如〈湯問篇〉的殷湯與夏革的對話，透視了世界的無窮無盡，龍伯國國民由巨大變矮小，故事令人神往。而大禹誤入終北國，令人想起《桃花源記》。究竟自己的國家好些，還是他國較好呢？中心國強盛，還是邊緣國物阜呢？〈說符篇〉提及宋國的蘭子，即雜技藝人，表現技藝求取宋元君的賞賜。蘭子用兩根比身體長一倍的長杆連接在小腿上踩高竿，手上還拋接飛劍。這些異想與奇技，足以令人大開眼界。《列子》所載故事，縱橫恣肆，創造力非同凡響。

總結

《列子》的真偽，當代學者仍然爭論不休，不過有一點可以肯定，就是由於歷史的積澱，《列子》一書得到後世的增益，令到這本古籍的內容很接近當代的通識書籍，書中對哲學、文學、神話、科學、醫學、心理學等範疇的涉獵，讓這本古籍的學術價值仍對今人有借鑑和啟迪的作用。

歷代《列子》注疏舉隅

晉代

張湛《列子注》是最早編訂及注釋《列子》的重要書籍。張湛所編的《列子》從內容上看，摻雜不少其他典籍的章節，我們無需把它看成與《漢書・藝文志》所提及的《列子》同出一轍，加上唐宋兩代把張湛所編成的《列子》專稱為經，時人更對其加以注解，對《列子》已不必拘泥於真偽的問題上，反而把焦點放在它的思想內涵上。

張湛所做的注釋，除援引當時的學者郭象、向秀所說，更加入老、莊及佛教的思想概念，在在反映魏晉玄學的特點。

唐宋

唐代有兩本注疏。盧重玄《列子注》，共八卷，最早見於《通志》，文字解釋主要採用張湛所說。殷敬順《列子釋文》見於《文獻通考》和《清史·經籍志》。殷氏旁徵博引，引用了許多唐代以前的逸書資料，正文之下又附以不同的版本文字，增加研究的價值。

宋代的注疏較多見，重要的有：宋徽宗政和御注《列子解》，有六卷，注解還未完成〈仲尼篇〉就已經闕文，又稱《沖虛至德真經義解》，是帝王親注的本子。范致虛《列子解》是備受宋代學者推崇的書籍。宋代高守元編輯《沖虛至德真經四解》，羅列張湛、盧重玄、宋徽宗、范致虛等解說，闡發列子的思想。江遹《列子解》，又名《沖虛道德真經解》，引述儒、道各家的思想作解說。林希逸《列子口義》，又名《沖虛至德真經口義》，用淺白的話語解說。

明清

明代有朱得之《列子通義》，全書分一百三十章，條理明確。清代的注釋工作做得比較多，跟清代學風有很大的關係。對《列子》的整理，基本上走考證及義理兩路。前者有陳夢雷《列子彙考》、王太岳《列子考證》。這兩本注疏較偏重校訂及考據字義，不同本子的解說，凸顯清代考據學風。也有重義理的解釋與評議，如焦竑、朱之藩《列子品彙釋評》，俞樾《列子平議》及楊文會《沖虛經發隱》等。

現代

現代著作更豐，重要的有王重民《列子校釋》及楊伯峻《列子集釋》。王重民本條分縷析，是不錯的注本。而楊伯峻兼採眾說，把一眾注釋並舉，書後更附以張湛事跡，輯錄了重要的序論和辨偽文章，對於研究及掌握《列子》的面貌，較為全面。

最後，嚴靈峰《列子莊子知見書目》廣採《列子》有關的書目，上至先秦，下至民國，再由中國、日本，遍及歐美，甚至《列子》的不同版本也羅列了，是很實用的工具書。

天瑞篇

本篇導讀——

篇名叫天瑞，指天的祥瑞。〈天瑞篇〉放在全書之首，是確立道體的重要一章。全章可分十四節，所討論的內容有八個：（1）有關道的兩種特質：凝定獨一的生成，和周而復始的變化；（2）闡釋萬事萬物化生的四個過程：太易、太初、太始和太素；（3）了解事物的職分和性質：職分決定事物的能力，性質決定事物存在的獨特性；（4）變化的規律：萬物相依相待，生存、老去和死亡都依循變化之道；（5）四個人生變化的階段：嬰孩、少壯、老去、死亡；（6）人生的目的：快樂是甚麼？人生有三種快樂；如何致富？致富三要素；（7）人如何自處：面對是非譭譽，人應怎樣開解？（8）死亡的真義：那就是再次回家，回去休息。

子列子居鄭圃[1]，四十年人無識者。國君卿大夫視之，猶眾庶也[2]。國不足，將嫁於衛[3]。弟子曰：「先生往無反期，弟子敢有所謁，先生將何以教？先生不聞壺丘子林之言乎[4]？」子列子笑曰：「壺子何言哉？雖然，夫子嘗語伯昏瞀人[5]，吾側聞之，試以告女[6]。其言曰：有生不生[7]，有化不化[8]。不生者能生生[9]，不化者能化化[10]。生者不能不生，化者不能不化，故常生常化。常生常化者，無時不生，無時不化。陰陽爾[11]，四時爾，不生者疑獨[12]，不化者往復。往復，其際不可終；疑獨，其道不可窮。《黃帝書》曰[13]：『谷神不死[14]，是謂玄牝。玄牝之門[15]，是謂天地之根[16]。綿綿若存，用之不勤。』故生物者不生，化物者不化。自生自化，自形自色[17]，自智自力，自消自息。謂之生化、形色、智力、消息者，非也。」

注釋

1子列子：子，放在名稱前面表尊稱，或者表示下面所寫由弟子記錄。列子，相傳是戰國時期的道家人物，叫禦寇，或稱圄寇、圉寇，鄭國人。鄭圃：古地名，河南中牟西。2視：看待，對待。庶：庶民，普通百姓。3嫁：往，到。4壺丘子林：人名，列子的老師，複姓壺丘，名林，春秋時期鄭國人。5伯昏瞀人：伯昏，複姓。瞀人，愚昧無知的人。此指伯昏大智若愚。前人認為伯昏是列子之友，同學於壺丘。[6]**女**：通「汝」，人稱代詞你。[7]**生**：這裏指生成，就是萬事萬物從無到有的出現過程。**不生**：能生出萬事萬物的規律，即能生出萬物之道。按上下文意，「不生」並非相對於「生」來說，不要理解成「具有生及不生兩者」，而應理解作「令事物生成的不生之道」。[8]**化**：事物的變化，也泛指萬事萬物的變化面貌。**不化**：恆久不變的規律，指那不變之道。能令萬事萬物起變化的規律，即萬物變化之道。按上下文意，「不化」並非相對於「化」來說，不要理解成「具有化及不化兩者」，而應解作「令事物起變化的不化之道」。[9]**生生**：不斷生成事物，有繁衍、接續生成的意思。第一個「生」為動詞，指生出；第二個「生」是名詞，指所生出的事物。[10]**化化**：事物不斷起變化，有不停變化的意思。第一個「化」為動詞，指變化；第二個「化」是名詞，指令其起變化的事物。[11]**陰陽**：中國古代哲學的重要概念。是化生萬物兩股力量，一動一靜，一顯一藏，是道的化生變化的動力。[12]**疑獨**：疑，通凝，凝定不變。獨，指唯一。疑獨，指生成萬物凝定獨一之道。是道的兩種特質：定靜與唯一。[13]**《黃帝書》**：屬黃老一系的古代道家著述，大部分失傳。《漢書・藝文志》記載了相關的《黃帝書》的名目，計有：《黃帝四經》四篇、《黃帝銘》六篇、《黃帝君臣》十篇、《雜黃帝》五十八篇及《力牧》二十二篇。《老子》帛書於一九七三年在長沙馬王堆三號漢墓發掘出，於乙本中有《經法》、《經》、《稱》、《道原》四篇失傳的篇章，被認為是《黃帝四經》。[14]谷神不死：對道的形象化描述。道的性質有如山谷般能藏虛納空。不死，指道的永恆不滅。[15]玄牝之門：對道的玄虛一面的描述。玄指天，牝指地，是生成天地萬物的本源。[16]根：根本的意思。[17]色：事物的面貌。

譯文

列子住在鄭圃，四十年來無人認識他。國君和公卿大夫對待他就像普通庶民一樣。鄭國遇上饑荒，列子想前往衞國。他的弟子說：「先生此去不知何時回來，學生有事情要向先生請教，先生會怎樣教導我們呢？先生聽說過壺丘子林的話沒有？」列子笑道：「壺子說過什麼呢？即使如此，老師他曾經對伯昏說過的話，我在旁邊聽到了，我現在就試着告訴你們。他說：有萬事萬物，也有生出萬事萬物來的不生之道；有事物的變化，也有令事物起變化的不化之道。不生之道能不斷生出萬事萬物來；不化之道能令事物不斷起着變化。萬事萬物不能成為不生之道，起着變化的事物也不能成為不化之道，所以說生成與變化都是恆常的規律。生成與變化既然是恆常的規律，所以事物就無時無刻不生成，無時無刻不起變化。那就是陰陽，那就是四時。不生之道是凝定的，獨一的；不化之道是周而復始的。周而復始，沒有邊際；凝定獨一，其義理豐富不能窮盡。《黃帝書》說：道（谷神）永恆不滅，又叫做玄牝。玄牝之門，就是天地的根本。它恆久常存，取用不盡。能生成事物之道不會從其他事物而生，能令事物起變化之道也不會從其他事物令起變化，道自行生成，自行變化，自己決定形態與面貌，自己決定心智與力用，自行消滅，自行止息。說道是生化、形色、智力、消息，並非單單如此。

賞析與點評

藉壺子老師之口帶出道的生成義和變化義，為世間的存在確立形而上的意義。道有兩個功能：生成與變化。就生成來說，道是凝定與唯一的，具永恒不滅的特點。就變化來說，道周而復始，不斷起着變化，道並非來自其他事物，其他事物也不會令其起變化。道是自生自化的，它是個圓滿自足的體系。列子發揮了老子對道的看法，並整合了道家對道的形象化描述。

子列子曰：「昔者，聖人因陰陽以統天地[1]。夫有形者生於無形，則天地安從生？故曰：有太易[2]，有太初[3]，有太始[4]，有太素[5]。太易者，未見氣也；太初者，氣之始也；太始者，形之始也；太素者，質之始也。氣形質具而未相離，故曰渾淪[6]。渾淪者，言萬物相渾淪而未相離也。視之不見，聽之不聞，循之不得，

故曰易也。易無形埒[7]，易變而為一，一變而為七，七變而為九。九變者，究也，乃復變而為一[8]。一者，形變之始也。清輕者上為天，濁重者下為地，沖和氣者為人[9]；故天地含精[10]，萬物化生。」

注釋

1聖人：具有大智慧，能掌握天地規律，順應人生現象的人。2太易：指萬物還未出現的階段，是前變化的階段。3太初：指氣剛產生的階段。4太始：指事物形態出現的階段。5太素：指事物性質呈現的開始階段。6渾淪：指氣、形與質三者渾然不分的狀態。7易無形埒：變化是沒有形象和界域的。形，形態。埒，界域。8易變而為一（至乃復變而為一）：由一變為七，七而九，九又回到一，這個變化，有兩重意思：第一，變化由始至終，再由終而始。意味事物的變化物極必反，沒有永遠的開始，沒有永遠的終結，周而復始。第二，變化由一開始，一是數字的開始，而九表示究極，最後的變化。七變與九變屬奇數，在《易經》之中屬陽（與偶數相對，在《易經》之中屬陰），只舉七和九，意味着變化由陽氣所帶動。9沖和氣者為人：沖和，即中和，指氣質中和，介乎氣清和氣濁的中間。10精：指天地精靈之氣。

譯文

列子說：以前，聖人利用陰陽來總括天地。其實，有形的事物由無形而來，那天地怎樣生成的呢？此所以有太易、太初、太始及太素的說法。太易，是氣出現之前的階段；太初，是氣出現的開始；太始，是事物形態出現的開始；太素，是事物性質呈現的開始。氣、形態與性質三者具備了，混而為一而未分開，叫作渾淪。渾淪，就是事物相結合在一起而未嘗分解的意思。看不出來，聽不見聲，不可依循，就是變易的意思。變易並沒有形態和界域，變化的開始為一，再變成為七變，七變成為九變。第九次變化，是變化的終極，再變由一開始。一，是形態變化的初期。氣清質輕的成為天上的事物，氣濁質重的成為地上的事物，氣和質平的則成為人。天地飽含精靈之氣，萬物因而化育出來。

賞析與點評

由道化生萬物，其間的過程是怎樣的呢？化生成萬物的動力，是由陰陽而來。作為創生動力的陰陽，是統括天地生成的具體呈現。由無形到有形，事物的生成變化歷經了四個階段：（1）太易：氣出現之前的階段；（2）太初：氣出現的階段；（3）太始：有形的事物開始出現；（4）太素：事物的性質具備了。太易是個渾沌的階段，一切未分，未知天地人我，後來經過九次變化，回到最初的變化階段，也就是太初的階段，事物的形狀開始出現。氣是天地生成的重要元素，有氣才有事物的形狀，有氣就是太始的階段。有形就有事物的性質，也就到了太素階段。形質具備，再經變化，事物才會出現。事物出現，大略分為兩類：氣質清者成為天上的事物，氣質濁者成為地上的事物。

子列子曰：「天地無全功，聖人無全能，萬物無全用。故天職生覆[1]，地職形載[2]，聖職教化[3]，物職所宜。然則天有所短，地有所長，聖有所否[4]，物有所通[5]。何則？生覆者不能形載，形載者不能教化，教化者不能違所宜，宜定者不出所位。故天地之道，非陰則陽；聖人之教，非仁則義；萬物之宜，非柔則剛：此皆隨所宜而不能出所位者也。故有生者，有生生者；有形者，有形形者；有聲者，有聲聲者；有色者，有色色者；有味者，有味味者[6]。生之所生者死矣，而生生者未嘗終；形之所形者實矣，而形形者未嘗有；聲之所聲者聞矣，而聲聲者未嘗發；色之所色者彰矣，而色色者未嘗顯；味之所味者嘗矣，而味味者未嘗呈：皆無為之職也[7]。能陰能陽，能柔能剛，能短能長，能員能方[8]，能生能死，能暑能涼，能浮能沉，能宮能商[9]，能出能沒，能玄能黃，能甘能苦，能羶能香[10]。無知也，無能也；而無不知也，而無不能也。」

注釋

1 **生覆**：生成和覆蓋。是天作為天的功用。生成萬物，萬物得以存在；覆蓋萬物，萬物得以生長。2 **形載**：形指有形的事物，載指承載萬物。萬物在土地上生長和活動，是土地給予資材，萬物才得以化育。3 **教化**：教育和轉化。是聖人的功能，普及萬民。聖人的教化也有實踐不了的可能。4 **否**（普：pǐ；粵：pei^{2}）：不善，引申為閉阻，不通。5 **通**：暢達，沒有阻礙。6 **「故有生者」幾句**：生生者，形形者，聲聲者，色色者，味味者，該事物之所以成為該事物，而不成為其他事物的性質，那就是事物的特有屬性，或者是事物的特質。事物的性質支持着事物的存在，事物的出現必須依據事物本身的性質才可以成立。7 **無為**：道家的重要思想概念，即順應事物的規律，不干涉事物本身的性質、位置及職分，任事物自然發展。進一步說，無為更不落入有為或不為的人為造作的相對性之中，因為無論對事物有為，或不對事物有為，同樣都違反事物本身的性質，都不能使自己超然物外。8 **員**：同「圓」。9 **宮商**：中國古代音樂音階，即宮、商、角、徵、羽。宮相當於Do，商相當於Re。10 **膻**：腥氣，臭氣。

譯文

列子說：天地並未擁有全部的功業，聖人也沒有全部的能力，萬物沒有具備所有的用途。天的職責在於生成與覆蓋，地的職責在於承載事物，聖人的職責在於教化，事物的職責在於合宜。但是天有其短處，而地有其長處，聖人有所不行，而事物可以暢達。為什麼？生成的不能承載，承載的不能教化，教化的不能違背事物的合宜，合宜的不會超出自己的本位。所以，有生成，就有生成的性質；有形態，就有形態的性質；有聲音，就有聲音的性質；有形色，就有形色的性質；有味道，就有味道的性質。生成事物的生者消失，而生成事物的性質仍在；事物呈現了具體的形態，而讓事物的形態具體呈現的性質未嘗出現；聲音已然聽到了，而讓聲音出現的性質未曾發聲；事物的面貌已經彰顯出來，而令事物面貌彰顯的性質未嘗顯現；味道已經得以品嘗，而讓味道得以品嘗的性質未曾呈現。這些性質都是無為的職分。這些性質可以陰、可以陽（生），可以柔、可以剛（形），可以短、可以長（形），可以圓、可以方（形），可以生、可以死（形），可以暑、可以涼（色），可以浮、可以沉（色），可以宮、可以商（聲），可以出、可以沒（色），可以玄、可以黃（色），可以甘、可以苦（味），可以羶、可以香（味）。不特別知道什麼，沒特別的能力，卻無所不知，無所不能。

賞析與點評

天、地、聖、物四者沒有所有的功業，沒有所有的用處，沒有所有的能力。四者各有職分，各有位置。既有職分，事物只能做自己份內的事。於是，天只可以覆蓋，卻不能承載；聖人可以施予教化，卻不可以違背事物合宜的規律。什麼決定事物的位置、事物的職分呢？生、形、聲、色、味五個方面，都各自有生之所以為生，形之所以為形，聲之所以為聲，色之所以為色及味之所以為味的性質。事物的性質決定事物是否出現，性質有多樣，事物因而也有多樣。事物既有其獨特的性質，各有職分和位置，不干涉它們，讓事物各司其職，順應事物的自然之性，這就是無為。

《黃帝書》曰：「形動不生形而生影，聲動不生聲而生響[1]，無動不生無而生有。」形，必終者也；天地終乎？與我偕終。終進乎？不知也。道終乎本無始，進乎本不久[2]。有生則復於不生，有形則復於無形。不生者，非本不生者也；無形者，非本無形者也。生者，理之必終者也[3]。終者不得不終，亦如生者之不得不生。而欲恆其生，畫其終[4]，惑於數也[5]。精神者，天之分[6]；骨骸者，地之分。屬天清而散，屬地濁而聚。精神離形，各歸其真[7]，故謂之鬼。鬼，歸也，歸其真宅[8]。黃帝曰：「精神入其門，骨骸反其根[9]，我尚何存[10]？」

注釋

1 響：回聲。2 久：當為「有」。3 理：道理。4 晝：停止。5 數：事理。6 天之分：此「分」為「有」，意即屬於。7 真：指本源。8 真宅：張湛：「真宅，太虛之域。」9 根：此處指物質的本源。10 我：人自己。

譯文

《黃帝書》說：有形態的事物活動起來不會生出有形態的事物，卻生出影子；聲音出現不會生出聲音，卻生出回響；無起變化不會生出無，而生出有。有形態的事物，必有終結之日；天地有終結嗎？天地和我一起終結。終結是盡頭嗎？不知道。道有終結嗎？道本來就沒有開始；道有盡頭嗎？道本來就沒有存在的性質。出生則會回到未出生之處，有形態的事物則會回到沒有形態之時。不生，並非來自不生；無形，並非來自無形。出生，按道理必然有終結。終結的不得不終結，出生的不得不出生。如果想出生不斷，令事物終結停止，是有違事理的。精神，分屬於天；骨骸，分屬於地。屬於天的，性質清而散；屬於地的，性質濁而聚。當精神離開形軀，精神和形軀各各回到本源，就叫作鬼。鬼，即歸，返回本源的意思。黃帝說：精神要住於形軀，而形軀卻返回其根本，我還可以生存嗎？

賞析與點評

有開始就有終結，有出生就有死亡，事物是會變化的，由一個階段變化為另一個階段。事物也是相依待的，影依於形，響依於聲，有依於無，天地依於我。這個規律是必然的，形和神必然遇合，人才可以存在。單單有形而沒有神，有神而沒有形，都是徒然。

人自生至終，大化有四：嬰孩也，少壯也，老耄也[1]，死亡也。其在嬰孩，氣專志一[2]，和之至也[3]，物不傷焉，德莫加焉[4]。其在少壯，則血氣飄溢，欲慮充起，物所攻焉[5]，德故衰焉。其在老耄，則欲慮柔焉，體將休焉，物莫先焉；雖未及嬰孩之全，方於少壯[6]，間矣[7]。其在死亡也，則之於息焉，反其極矣。

注釋

1 耄（普：mào；粵：mou^{6}）：老。古以八十、九十曰耄。2 氣：指人的精神狀態。志：心意所向。3 和：淳和。4 德：品格與質性。5 攻：侵擾的意思。6 方：比較。7 間：有距離，有分別。

譯文

人由出生到生命終結，有四個大變化：嬰孩，少壯，老年，死亡。人在嬰孩的階段，心志專一，中和至極，事物不會傷害，品德最高。人在少壯階段，血氣飄溢，欲望與思慮充盈，容易受到事物的侵擾，品德衰微。到了老年，欲望與思慮減退，身體要休息了，受物欲影響不大。雖然未能達到嬰孩時的完美，與少壯比較，仍有分別。到了死亡的階段，一切都停下來，回到人生的極至。

賞析與點評

人生四個階段，是人必經的四個變化的階段：嬰孩，少壯，老去，死亡。從身體的變化，心智的力量，品德的盛衰，外在事物的影響等幾個方面去總結，嬰孩是最為完美的一個階段。

林類年且百歲[1]，底春被裘[2]，拾遺穗於故畦[3]，並歌並進。孔子適衛，望之於野。顧謂弟子曰：「彼叟可與言者，試往訊之！」子貢請行[4]。逆之壟端[5]，面之而歎曰：「先生曾不悔乎，而行歌拾穗？」林類行不留，歌不輟。子貢叩之不已[6]，乃仰而應曰：「吾何悔邪？」子貢曰：「先生少不勤行，長不競時，老無妻子，死期將至，亦有何樂而拾穗行歌乎？」林類笑曰：「吾之所以為樂，人皆有之，而反以為憂。少不勤行，長不競時[7]，故能壽若此。老無妻子，死期將至，故能樂若此。」子貢曰：「壽者人之情[8]，死者人之惡。子以死為樂，何也？」

林類曰：「死之與生，一往一反。故死於是者，安知不生於彼？故吾知其不相若矣[9]？吾又安知營營而求生非惑乎？亦又安知吾今之死不愈昔之生乎？」子貢聞之，不喻其意，還以告夫子。夫子曰：「吾知其可與言，果然；然彼得之而不盡者也。」

注釋

1林類：春秋時代的隱士。且：將。2底：通「抵」，達到。被（普：pī；粵 pei¹）：披，穿着。3故畦：田間阡陌。4子貢：春秋時衞國人。姓端木，名賜。孔子的學生。5逆：迎，接。6叩：詢問。7競時：與時間競賽，爭取表現。8情：常情。9吾知其不相若矣：據俞樾《諸子平議》，「吾」下脱「安」字，應為「吾安知其不相若矣」，我又怎知道生與死不是相同的呢？不相若，不相同。

譯文

林類將達百歲，到了年末穿着皮衣，到田間撿拾禾穗，邊唱邊拾。孔子到衞國去，在郊野看到這個情景，回頭對弟子說：「可以跟那個老人一談，試試去問問他！」子貢請求前去。子貢在田間路上迎請林類，向着他感歎說：「先生唱歌拾穗，難道不會後悔嗎？」林類沒有停下來，繼續唱着歌。子貢叩問連連，林類抬起頭來回答說：「我有什麼可以後悔的呢？」子貢說：「先生少年時不勤奮，長大後又與時不爭，老了沒有妻子在旁，生命快將完結，還會這麼開心來拾穗唱歌？

林類笑着說：「我以這些為樂，人人都可以，現在〔你〕反而以此為憂。少年不勤奮，長大不與人爭，所以能活到此歲。老而無妻子，生命快將完結，所以能這般快樂。」子貢說：「希望得到長壽是人之常情，死亡則人所嫌惡。先生以死為樂，為什麼呢？」林類說：「死亡和生存，一個前去，一個回來。在這裏死去的，怎知不會在另一處生存呢？生與死兩者不相同嗎？我又怎知道營營役役為求生存不會令人迷失呢？又怎知道我現在的死亡不會勝過以前的生存呢？」子貢聽後，不明白箇中的意思，回去問孔夫子。夫子說：「我知道可以跟他一談，果然如此；但是他未能完全了解當中的意思。」

賞析與點評

藉隱士林類與孔子弟子子貢的對話，帶出生存和死亡是一事之兩面。死去不代表終結，可能是另一階段的生活。生存未必比死亡優勝，死亡也可勝過當下。對死亡感到困惑，也可對人生感到憂傷。活在當下，滿足於既有條件，不必汲汲營求名位與貨財，這才是生死之道。

或謂子列子曰[1]：「子奚貴虛[2]？」

列子曰：「虛者無貴也[3]。」

子列子曰：「非其名也[4]，莫如靜，莫如虛。靜也虛也，得其居矣；取也與也，失其所矣。事之破碼而後有舞仁義者[5]，弗能復也[6]。」

注釋

1貴：重視。《呂氏春秋》於〈不二〉篇曾說列子貴虛。2奚：為何，為什麼。3虛者無貴：虛本身是無所謂貴不貴的。虛是道在世間所呈現的狀態。4非其名也：道可道，非常道；名可名，非常名。道非關名字，是人生的規律。5碼：毀壞。6復：回復。按思想脈絡，回復是就因大道廢，有仁義，而仁義受扭曲，才令人心失去，人心要回到璞實的本來就很困難了。

譯文

有人問列子：「先生為何以虛為貴呢？」

列子回答：「虛沒有所謂貴。」

列子說：「非關名字，也可叫靜，也可叫虛。靜也好，虛也好，人就得到安頓；而取得和給與，人就失去依據。事情破壞後就有舞弄仁義的人，人心不能回復了。」

賞析與點評

這則對話表現《道德經》所提及的兩個有關道的概念：（1）道不關涉文字；道非靜非虛，是靜也是虛。（2）大道廢，有仁義。仁義扭曲，人心難以回復素樸。人家問貴虛，問題重點在「虛」，但列子卻把焦點轉到「貴」上，由此破題，把道的不可名狀的性質，及仁義受扭曲，本性迷失的問題帶出來。為什麼人會迷失？取得和給予容易令人起爭端，人為了貨財扭曲仁義，人迷失於貨利之中。

粥熊曰[1]：「運轉亡已[2]，天地密移[3]，疇覺之哉？故物損於彼者盈於此，成於此者虧於彼。損盈成虧，隨世隨死[4]。往來相接，間不可省[5]，疇覺之哉？凡一氣不頓進[6]，一形不頓虧[7]；亦不覺其成，亦不覺其虧。亦如人自世至老，貌色智態，亡日不異；皮膚爪髮，隨世隨落，非嬰孩時有停而不易也。間不可覺，俟至後知。」

注釋

1 粥（普：yù；粵：jy⁶）熊：人名，即「鬻熊」，屬周文王的師旅，受封於楚國，著子書二十二篇。《列子》所引錄的文字有三則，主要表現黃老思想。有《鬻子》一卷，但疑是偽託。2 亡：同無。3 密移：默默地遷移變化。4 世：出現。5 間：指事物起變化的階段。6 氣：指人的氣質。不頓進：與漸變相對，頓即立刻，一下子起變化。7 形：指人的形體。

譯文

粥熊說：「天地運轉不停，默默遷移，誰人會覺察得到？事物在那邊減少，就在這邊增加；在這邊完成，就在那邊缺欠。減少、增加、完成、缺欠，接着出現，接着消失。接續不斷，其間的變化不可知曉，誰人會覺察得到？但凡氣質不立刻竭盡，形體不立刻缺欠，就覺察不到完成，也覺察不到缺欠。就像人自出生到終老，外貌、氣色、智力、體態，沒有一天相同；皮膚、指甲、頭髮，接着出現，接着脫落，並非自嬰孩時期已經停止而不起變化。其間的變化不可覺察，等到後來變化了才得以知道。

賞析與點評

天地萬物無時無刻不在變化，事物的減少與增加，完成與虧欠都在不停變化之中。人自嬰孩開始就不斷變化，年少，老去，死亡，相繼出現，年華將盡，驀然回首，才猛然醒覺。變化默默進行，是道的規律。

杞國有人憂天地崩墜[1]，身亡所寄，廢寢食者；又有憂彼之所憂者，因往曉之[2]，曰：「天，積氣耳，亡處亡氣。若屈伸呼吸[3]，終日在天中行止，奈何憂崩墜乎？」其人曰：「天果積氣，日月星宿，不當墜耶？」曉之者曰：「日月星宿，亦積氣中之有光耀者；只使墜，亦不能有所中傷。」其人曰：「奈地壞何？」曉者曰：「地積塊耳[4]，充塞四虛，亡處亡塊。若躇步跐蹈[5]，終日在地上行止，奈何憂其壞？」其人舍然大喜[6]，曉之者亦舍然大喜。

長廬子聞而笑之曰[7]：「虹霓也[8]，雲霧也，風雨也，四時也，此積氣之成乎天者也。山嶽也，河海也，金石也，火木也，此積形之成乎地者也[9]。知積氣也，知積塊也，奚謂不壞？夫天地，空中之一細物，有中之最巨者。難終難窮，此固然矣；難測難識，此固然矣。憂其壞者，誠為大遠[10]；言其不壞者，亦為未是。天地不得不壞，則會歸於壞。遇其壞時，奚為不憂哉？」

子列子聞而笑曰：「言天地壞者亦謬，言天地不壞者亦謬。壞與不壞，吾所不能知也。雖然，彼一也，此一也。故生不知死，死不知生；來不知去，去不知來。壞與不壞，吾何容心哉？」

注釋

1 杞國：周代諸侯國，今河南省杞縣。2 曉：解釋，知曉。3 屈伸：指身體四肢的彎曲伸展。[4]塊：土塊。[5]躇步跐蹈：指人停停走走，佇立又行走的樣子。躇步，踩踏貌。跐，踩。蹈，頓足踏地。[6]舍然：如釋重負，去除憂慮。舍，通「釋」。[7]長盧子：戰國時楚國人，崇尚道家思想。《史記》：「楚有尸子、長盧。」《漢書・藝文志》：「長盧子九篇，楚人。」[8]霓：也稱副虹。有時兩道彩虹同時出現，位於內側的色鮮為虹，位於外側的色淡為霓。[9]積形：指具有一定體積的形體，如山嶽河海、金石火木等。[10]大：同「太」。

譯文

有個杞國人，擔心天會坍塌，地會崩毀，自己無處容身，擔憂太過，以致不眠不休，吃不下去。又有人擔憂這個憂天坍塌的人，就前去解釋一番：「天是氣的積聚，氣無處不在。像你般呼吸時屈伸身體，人整天都在天之中活動，怎麼會擔憂天會坍塌呢？」杞人說：「既然天是氣的積聚，日、月、星宿不會掉下來的嗎？」知曉事理的人說：「日、月、星宿，是在氣之中的發光體，它們即使墜落下來，都不會令人受傷。」杞人說：「地如果崩毀又如何是好？」知曉事理的人說：「土塊積聚成地，充塞於四方，哪一處沒有土塊？就像你停停走走，終日在地上活動，怎會擔心地會崩毀呢？」杞人聽後釋去重負非常高興，知曉事理的人也釋去重負非常高興。

長盧子聽到後笑着說：「霓虹、雲霧、風雨，四時的變化，是天所積聚而來的氣。

山嶽、河海、金石、火木，是土塊所積聚而來的形態。天和地既然是由積聚氣和積聚土塊而來，天地怎麼不會崩坍呢？雖然天地其實是在空間中的一個細小物體，但是天地在事物之中最為巨大。我們固然難以看到天地終結，難以看到天地的邊際；固然天地難以猜測，也難以正確認識。擔心天地崩壞，實在遙不可及；不過說天地不會崩壞，也未必真的如此。天地實在不得不崩壞，最終也只會崩壞。遇到天地崩壞時，為甚麼不擔憂呢？」

列子聽到後大笑說：「說天地崩壞不對，說天地不崩壞也不對。崩壞不崩壞，我不能知道。既然這樣，那邊說的對，這邊說的也不差。既然生不知道死，死不知道生；來不知道去，去不知道來。那麼，崩壞不崩壞，我為什麼要放在心上呢？」

賞析與點評

知曉事理的人認為天地不會崩壞，叫杞人不要憂天；長盧子卻說天地雖會崩壞，但也不必憂心。究竟天地會不會崩壞？列子在最後補充說，說天地崩壞不對，說天地不崩壞也不對。列子認為我們不應選取是與非的任何一邊，參與「對或不對」的判斷，選取任何立場，均難免陷入紛爭之中，使自己不得安寧。就正如我們不知生，也不知死；不知來，也不知去。既然不知，何必憂心呢？不落入是非之中，不表示任何立場，是莊子所說的得其環中，是兩行的思想。

齊之國氏大富，宋之向氏大貧；自宋之齊，請其術[1]。

國氏告之曰：「吾善為盜。始吾為盜也，一年而給，二年而足，三年大穰[2]。自此以往，施及州閭。」

向氏大喜，喻其為盜之言，而不喻其為盜之道，遂逾垣鑿室[3]，手目所及，亡不探也。未及時，以贓獲罪，沒其先居之財。向氏以國氏之謬己也[4]，往而怨之。

國氏曰：「若為盜若何？」

向氏言其狀。國氏曰：「嘻！若失為盜之道至此乎？今將告若矣。吾聞天有時，地有利。吾盜天地之時利，雲雨之滂潤[5]，山澤之產育，以生吾禾，殖吾稼，築吾垣，建吾舍，陸盜禽獸，水盜魚鱉，亡非盜也。夫禾稼、土木、禽獸、魚鱉，皆天之所生，豈吾之所有？然吾盜天而亡殃。夫金玉珍寶，穀帛財貨，人之所聚，豈天之所與？若盜之而獲罪，孰怨哉？」

向氏大惑，以為國氏之重罔己也[6]，過東郭先生問焉[7]。

東郭先生曰：「若一身庸非盜乎[8]？盜陰陽之和以成若生，載若形[9]；況外物而非盜哉？誠然，天地萬物不相離也，仞而有之[10]，皆惑也。國氏之盜，公道也，故亡殃；若之盜，私心也，故得罪。有公私者，亦盜也；亡公私者，亦盜也。公公私私，天地之德[11]。知天地之德者，孰為盜邪？孰為不盜邪？」

注釋

1 術：方法。2 穰（普：ráng；粵：jœŋ[4]）：莊稼。3 垣：矮牆。4 謬：欺騙。5 滂潤：灌溉潤澤。6 重罔己：再次受到欺騙。罔，欺騙。7 過：探訪，探望。東郭先生：複姓東郭，名重，春秋時齊國人，傳説為隱士。8 庸非：豈非，怎麼不會。9 載若形：覆載你的形體。載，承。陰陽調和，成就你的生命，覆載你的身體。成就生命由天，覆載身體由地。於是陰陽調和，關乎天負責生成，地負責覆載的意思。10 仞：同「認」。有：所有。11 公公私私，天地之德：公是公，私是私，都是天地的德性。「公是公，私是私」一句看似是同義反覆，是同一律的表達方式，其實這樣表達是要説明道沒有公沒有私，不落相對，只看重事物自然之性的意思。

譯文

齊國有個富戶叫國氏，宋國有個貧戶叫向氏。向氏由宋國去齊國，請教國氏致富的方法。

國氏告訴向氏：「我擅於做盜賊。開始做盜賊之時，第一年可以自給，第二年可以自足，第三年就大豐收。自此之後，可以廣泛施與州縣各家各戶。」

向氏非常高興，以為明白了國氏做盜賊的意思，但他不懂得做盜賊的道理。後來，向氏翻過人家的牆壁，鑿破人家的居室，但凡觸手所及，眼看得見的，全都拿取。沒多久，人贓並獲，就連自己家中原有的財物也給沒收了。向氏以為國氏欺騙自己，於是找國氏，想責備國氏。

國氏說：「你是怎樣做盜賊的？」

向氏交代了情況。國氏說：「哈，你竟違逆做盜賊的道理到達這種地步？我現在告訴你。我聽聞天有天時，地有地利。我盜取天時和地利，雲雨的潤澤，山林的產物，長成我的禾稻，繁殖我的莊稼，築起我家的牆壁，建造我的房子。陸上盜取禽鳥、野獸；海上盜取魚產，無所不盜取。禾稻，莊稼，泥土，山林，禽鳥，野獸，魚產，都來自於天，哪會屬於我的呢？但是我盜取的來自於天，不會為我帶來災禍。金玉、珍寶、穀帛、財貨，人所聚積而來，哪會是天所賦予的呢？如果盜取它們而獲罪，又可怪責誰呢？

向氏大惑不解，以為國氏又在欺騙自己，於是找東郭先生問個究竟。

東郭先生說：「你的身體還不是盜取而來的嗎？盜取陰陽調和，成就你的生命，覆載你的身體；身外的事物哪個不是盜取回來的呢？其實，天地萬物不相分離，把事物認作屬於自己，據為己有，同屬迷失。國氏的盜取，出於公道，所以不會令他遭殃；你的盜取，出於私心，所以要受罪。為公為私，是盜賊；不為公不為私，也是盜賊。公自是公，私自是私，是天地的德性。了解天地的德性，需要知道誰是盜賊、誰不是盜賊嗎？

賞析與點評

什麼是致富之道？就在於掌握農時，應合自然，取自無私的大自然，把自然產物變為自己的財富。國氏明白了這一點，所以數年間就富裕起來，還利濟他人。向氏只知其然，不知其所以然，失卻為盜之道，最後仍一貧如洗。最耐人尋味的，是列子在故事尾聲提出不用計較誰是盜賊誰不是盜賊的問題，認為只要懂得天地的德性，公與私，盜不盜並不重要。天地的德性就是自然，自其所以然。

黃帝篇

本篇導讀——

〈黃帝篇〉較多文字與古籍相同，剩下的章節其實只有四章。此篇取用材料最多的是《莊子》，特別是《莊子》的外篇。有不少章節來自〈達生〉（列子師老商氏、列子問關尹、顏回問乎仲尼、孔子觀於呂梁、仲尼適楚、佝僂承蜩）、〈田子方〉（列禦寇為伯昏無人射）、〈應帝王〉（有神巫自齊來）、〈列禦寇〉（子列子之齊）、〈寓言〉（楊朱南之沛）、〈山木〉（楊朱過宋）等篇；又有些來自內篇，〈逍遙遊〉（列姑射山）、〈齊物論〉（狙公賦芧）及〈人間世〉（周宣王之牧正）。列姑射山一章在這裏予以保留，這是因為雖然神人也在〈逍遙遊〉出現，但對比文字之後，《列子》談神人較《莊子》完整，形象更為鮮明，奠下道教成仙的形象描述。〈黃帝篇〉出現多個神人、至人等聖人形象，本領非凡，能人所不能。即使黃帝自己，也是個能入水入火不遭傷害的神人，雖然黃帝在夢中只能這樣，但是故事帶出相反亦相成的道理，人要把世間的相對性一一看破，才能有一番作為。黃帝如此，只是普通平民的商丘開也是如此。只要至誠，沒有對世間事物起任何分別，沒有是沒有非，沒有愛沒有憎，甚至不知熱不知濕，不知生不知死，那麼，依恃這份至誠，人人都可以成為神人。最後一章，《列子》教人要開發智慧，不要只顧粉飾外貌，提出人與禽獸相差不遠的看法。

黃帝即位十有五年，喜天下戴己，養正命[1]，娛耳目，供鼻口，焦然肌色皯黣[2]，昏然五情爽惑[3]。又十有五年，憂天下之不治，竭聰明，進智力[4]，營百姓，焦然肌色皯黣，昏然五情爽惑。黃帝乃喟然讚曰[5]：「朕之過淫矣[6]。養一己其患如此，治萬物其患如此。」於是放萬機，舍宮寢，去直侍[7]，徹鐘懸，減廚膳，退而間居大庭之館[8]，齋心服形[9]，三月不親政事。

晝寢而夢，遊於華胥氏之國[10]。華胥氏之國在弇州之西[11]，台州之北[12]，不知斯齊國幾千萬里[13]；蓋非舟車足力之所及，神遊而已。其國無師長，自然而已。其民無嗜欲，自然而已。不知樂生，不知惡死，故無夭殤[14]；不知親己，不知疏物，故無愛憎；不知背逆，不知向順，故無利害：都無所愛惜，都無所畏忌。入水不溺，入火不熱。斫撻無傷痛，指擿無痟癢[15]。乘空如履實，寢虛若處牀。雲霧不硋其視[16]，雷霆不亂其聽，美惡不滑其心[17]，山谷不躓其步[18]，神行而已。

黃帝既寤，怡然自得，召天老、力牧、太山稽[19]，告之曰：「朕閒居三月，齋心服形，思有以養身治物之道，弗獲其術。疲而睡，所夢若此。今知至道不可以情求矣。朕知之矣！朕得之矣！而不能以告若矣。」又二十有八年，天下大治，幾若華胥氏之國，而帝登假[20]，百姓號之，二百餘年不輟。

注釋

1 正命：由出生一直活到老死，不涉橫禍非命，就叫正命。2 焦然：面色憔悴。皯黣：皮膚黧黑。3 五情：喜、怒、哀、樂、怨，指人的情感或情緒。爽惑：錯亂。4 進：即「盡」。5 喟然：歎氣。6 朕：皇帝的自稱，指我自己。7 直侍：身邊的侍從。8 間居：即「閒居」，獨居。9 齋心：去除心中的雜念，使心清明無染。10 華胥氏：華胥氏是中國的先祖，相傳生伏羲和女媧。華胥氏之國在今陝西省藍田。11 弇州：一說即今山東兗州。藍田在其西面，與正文所說相符。12 台州：今浙江省。藍田在其北面，與正文所說相符。13 斯：距離。齊：通「臍」，中央的意思。14 殤：傷感。15 擿：抓搔。痟：疼痛。16 硋：阻礙。17 滑：擾亂。18 躓：絆倒。19 天老、力牧、太山稽：三位輔弼黃帝的大臣。20 登假：猶言成仙而遠去，為古代帝王死亡的諱稱。假，通「遐」。

譯文

黃帝在位已經十五年了，看到天下老百姓愛戴自己而感到高興，於是就保養身體，享受聲色娛樂，滿足鼻口所需，後來弄到面色憔悴，皮膚黧黑，思想迷糊不清，情緒迷亂。十五年又過去了，擔憂不能治理好天下，於是竭盡聰明，盡用智力，管治老百姓，又弄到面色憔悴，皮膚黧黑，思想迷糊不清，情緒迷亂。黃帝歎着氣，批評道：「朕太過分了，保養自己弄成這樣，治理萬物弄成這樣。」於是放開所有事務，捨棄宮中寢室，退去身邊侍從，撤去鐘鼓樂器，減少膳食，退而獨自住在大庭的館舍，修養身心，不理政事三個月。

黃帝大白天睡覺發了個夢，夢見自己到了華胥氏之國遊歷。華胥氏之國在弇州西面、台州北面，與中央國比較不知幾千萬里遠，大概不是乘船、坐車或步行可以到達的，如今只是精神漫遊。華胥氏之國沒有師長，只是順其自然。國民沒有欲望，只是順其自然。不知道生的快樂，不知道死的厭惡，所以沒有對夭亡傷感；不知道愛護自己，不知道遠離事物，所以沒有愛憎；不知道背叛忤逆，不知道偏心偏私，所以沒有利害衝突。沒有任何愛惜，沒有任何畏忌。入水不會溺斃，遇火不會灼熱。刀斧拍擊沒有傷痛，用手指抓搔沒有疼癢。淩空好像在實地，睡在虛空好像在牀上一樣。雲霧阻不了視線，雷電擾亂不了聽覺，美醜惑亂不了心志，山谷不平絆不了腳跟，只是因為在精神漫遊。

黃帝及後醒來，又喜悅又滿足，召喚輔弼大臣天老、力牧、太山稽，告訴他們說：「朕閒居了三個月，修養身心，思考保養身體和管理事物的道理，卻想不出方法。後來疲倦睡去，夢到的就是這樣。現在知道無上的道理不可以用實情去求取。朕知道了！朕得到了！但是不能夠告訴你們。」二十八年過去了，天下大治，幾乎好像華胥氏之國一樣，這時黃帝駕崩，百姓哀傷不已，持續達二百餘年之久。

賞析與點評

什麼才是生活之道？什麼才是治理之道？那就是順應自然，不去分別生死、好惡、親疏、逆順。無所愛惜，無所畏忌。現實與夢境，一實一虛，看似沒有溝通的餘地，但是啟發卻在夢境出現，依着夢境所示，反倒成就了現實。現實是真，還是夢境是真；夢境是假，還是現實是假呢？

列姑射山在海河洲中[1]，山上有神人焉。吸風飲露，不食五穀；心如淵泉[2]，

形如處女；不偎不愛，仙聖為之臣；不畏不怒，願愨為之使[3]；不施不惠，而物自足；不聚不斂，而己無愆[4]。陰陽常調，日月常明，四時常若[5]，風雨常均，字育常時[6]，年穀常豐；而土無札傷[7]，人無夭惡[8]，物無疵厲[9]，鬼無靈響焉[10]。

注釋

1 列姑射山：傳説中的山名，相傳有神仙居住。海河洲：黃河河口的島嶼。2 淵泉：深淵的泉水。用以比喻心的潔淨無染。3 願愨：樸實和誠實的人。4 愆：缺乏，不足。5 若：順從，順適。6 字育：養育。字，作動詞用，有養育、孳養的意思。7 札傷：災害。8 夭惡：夭折，早亡。9 疵厲：災害，疾病。厲，疫病。10 鬼無靈響：鬼神就無法靈應。

譯文

列姑射山坐落在黃河河口的島嶼上，有神人在那處居住。神人吸風飲露，不吃五穀；心中好像深淵泉水般潔淨，形象一如處女般高潔；不親近，也不親愛，仙人聖人臣服於他；不畏懼，也不發怒，樸實的人都任由他差使；不施與，也不受惠，物質自足；不積聚，也不收取，自己不缺乏什麼；陰陽如常更替，日月如常光明，四時如常順應，風雨如常平均，養育如常合時，五穀如常豐收；而地上沒有災害，人沒有夭亡，事物沒有災害疫病，鬼神沒有應驗。

賞析與點評

神人沒有愛憎，也沒有施與，不落入凡塵，不落入相對之中，一切都自自然然。

范氏有子曰子華[1]，善養私名[2]，舉國服之；有寵於晉君，不仕而居三卿之右[3]。目所偏視，晉國爵之；口所偏肥[4]，晉國黜之。游其庭者侔於朝[5]。子華使其俠客以智鄙相攻，強弱相凌。雖傷破於前，不用介意。終日夜以此為戲樂，國殆成俗。

禾生、子伯，范氏之上客。出行，經坰外[6]，宿於田更商丘開之舍[7]。中夜，禾生、子伯二人相與言子華之名勢，能使存者亡，亡者存；富者貧，貧者富。商丘開先窘於飢寒，潛於牖北聽之[8]。因假糧荷畚之子華之門[9]。

子華之門徒皆世族也，縞衣乘軒[10]，緩步闊視。顧見商丘開年老力弱，面目黎黑，衣冠不檢，莫不眲之[11]。既而狎侮欺詒[12]，攩抋挨抌[13]，亡所不為。商丘開常無慍容，而諸客之技單[14]，憊於戲笑。遂與商丘開俱乘高台，於眾中漫言曰：「有能自投下者賞百金。」眾皆競應。商丘開以為信然，遂先投下，形若飛鳥，揚於地[15]，骨骴無碍[16]。范氏之黨以為偶然，未詎怪也[17]。因復指河曲之淫隈曰[18]：「彼中有寶珠，泳可得也[19]。」商丘開復從而泳之，既出，果得珠焉。眾昉同疑[20]。子華昉令豫肉食衣帛之次[21]。俄而范氏之藏大火。子華曰：「若能入火取錦者，從所得多少賞若。」商丘開往無難色，入火往還，埃不漫，身不焦。范氏之黨以為有道，乃共謝之曰：「吾不知子之有道而誕子[22]，吾不知子之神人而辱子。子其愚我也，子其聾我也，子其盲我也，敢問其道。」

商丘開曰：「吾亡道。雖吾之心，亦不知所以。雖然，有一於此，試與子言之。曩子二客之宿吾舍也，聞譽范氏之勢，能使存者亡，亡者存；富者貧，貧者富。吾誠之無二心，故不遠而來。及來，以子黨之言皆實也，唯恐誠之之不至，行之之不及，不知形體之所措，利害之所存也。心一而已。物亡迕者，如斯而已。今昉知子黨之誕我，我內藏猜慮，外矜觀聽，追幸昔日之不焦溺也，怛然內熱[23]，惕然震悸矣[24]。水火豈復可近哉？」自此之後，范氏門徒路遇乞兒馬醫[25]，弗敢辱也，必下車而揖之。

宰我聞之[26]，以告仲尼。仲尼曰：「汝弗知乎？夫至信之人，可以感物也。動天地，感鬼神，橫六合[27]，而無逆者，豈但履危險，入水火而已哉？商丘開信偽物猶不逆，況彼我皆誠哉？小子識之！」

注釋

1范氏：春秋後期晉國的貴族。2私名：即私下的門生。3三卿：指當時晉國勢力強大的韓、趙、魏三大卿族。右：古代以右為貴，地位較高。4偏肥：特別輕視。偏，特別之意。肥，意為輕視。5侔：相等。6坰（普：jiōng；粵：gwiŋ1）：郊野。7田更：老農夫。8牖北：牖，窗。開向北方的窗子。9假：借。畚：古代用草繩做的盛器。這裏指用來裝行李的草筐。10縞衣：用白絹做成的衣服。軒：一種有帷幕且裝飾華麗的古代車子。11眲：輕視，輕侮。12詒：互相欺騙。13攩：捶打。挑：推擊。挨：推。抌：擊背。14單：通「殫」，竭盡。15揚於地：飄落到地上。16骪：同「肌」。䃍：敗壞。17詎：通「巨」，巨大，很大之意。18淫隈：水深之處。19泳：潛行水中。20昉：指開始。21豫：通「與」，參與。次：位次，行列。22誕：欺騙。23怛（普：dá；粵：dat3）然：吃驚的樣子。24惕然：戰戰兢兢的樣子。25馬醫：醫治馬匹的獸醫。26宰我：孔子的學生，一名宰予，春秋魯國人。27六合：泛指天下，六合即上、下、東、南、西、北。

譯文

范氏有個兒子叫子華，善於招攬游士俠客，全國人都臣服於他；子華得到晉侯的寵愛，不用做官，地位卻在三卿之上。他所關注的人，晉國就加官進爵；他所輕視的人，晉國就罷免官職。到他門下來的人像在朝廷上的人一樣多。子華任由他的俠客以智力的高下來互相攻擊，以力量的強弱來互相欺淩，就算打得頭破血流，他並不在意，終日以此為樂，成為全國的風氣。

禾生和子伯是范氏的上等門生，一天外出，途經野外，在老農夫商丘開的家中借宿。夜半，禾生、子伯兩人談論子華的名氣和勢力，說他可使生者死亡，死者復活；富者變窮，窮者得富。商丘開正困於飢寒，躲在朝北的窗下聽到了這番話。他就借了糧食，挑着草筐，來到子華門下。

子華的門生都是世冑貴族，穿絹衣，坐軒車，慢慢地走路，左顧右盼。他們看見商丘開年老體弱，面目黧黑，衣冠不整，都輕視他。跟着圍上來戲弄侮辱，推撞捶打，無所不為。商丘開沒有惱怒，門生都技窮了，戲笑也鬧夠了，才作罷。於是，他們又帶商丘開一同登上高台，眾人中有人隨意說：「有誰願跳下去，賞他百金！」大家都假裝願意。商丘開信以為真，就搶先跳下高台，身體像隻飛鳥，像風飄落地上，毫無損傷。范氏門生以為這只是偶然，並不特別感到奇怪。他們便又指着水深的河流，說：「那裏有寶珠，潛入水底就可得到。」商丘開又跟從他們的說話，潛入水底，等他游出水面，果然找到了寶珠。這時，眾人才開始感到驚疑。子華這才讓他加入了食肉衣綢的食客行列。不久，范家的貯藏庫發生大火。子華對商丘開說：「你如果能入火場取回錦緞，取出多少就獎賞多少給你。」商丘開面無難色，多次出入火海，灰塵不沾染，身體不燒焦。范家門客都認為他是懂道術之人，一起向他道歉説：「我們不知道您懂道術而欺騙您，我們不知道您是神人而侮辱您。您把我們看作傻瓜，看作聾子，看作瞎子吧。我們冒昧向您請教您的道術。」

商丘開説：「我沒有道術。即便我自己的心也不知道。儘管這樣，還是有一點可以對你們説。之前，兩位門生住在我家，我聽見他們稱讚范氏的勢力，説他可使生者死亡，亡者復活；富者變窮，窮者得富。我信以為真，毫無二心，所以不怕路遠，來到這兒。來到以後，我又以為你們的話都是真的，更唯恐自己相信得不真誠，實行得不及時，不知道怎樣處置自己的身體才好，不知道利害的存在，只是心意專一罷了。外物不能傷害我，如此而已。現在我才知道你們欺騙我，我便內心滿懷猜疑，外面要察言觀色，慶幸往日沒有被燒焦、溺死。吃驚得內心灼熱，謹慎得害怕心驚，難道還可以再接近水火嗎？」從此，范氏的門生在路上遇見乞丐、馬醫，不敢侮辱他們了，還一定要下車向他們拱手施禮。

宰我知道這件事，就告訴了孔子。孔子説：「你不知道嗎？至誠的人可以感動事物。感動天地，感動鬼神，縱橫天下，沒有不抗拒，難道只是歷盡險阻，赴湯蹈火而已嗎？商丘開相信那些虛假的事物尚且沒有不抗拒，何況我們都是誠信的人呢？要懂得才好！」

賞析與點評

神人可以是個貌不驚人的普通人，心意專一，不雜無染，就可以赴湯蹈火不會受傷，感動天地鬼神而無不順適。這是列子對神人的另一種描述，只要至誠，任何人都可以是神人。真正有道術的人是不知道自己有道術的，道術要在特殊的情形下，才會顯示出來。

天下有常勝之道，有不常勝之道。常勝之道曰柔，常不勝之道曰強。二者亦知[1]。而人未之知。故上古之言：強，先不己若者；柔，先出於己者。先不己若者，至於若己，則殆矣。先出於己者，亡所殆矣。以此勝一身若徒[2]，以此任天下若徒，謂不勝而自勝，不任而自任也。粥子曰[3]：「欲剛，必以柔守之；欲強，必以弱保之。積於柔必剛，積於弱必強。觀其所積，以知禍福之鄉[4]。強勝不若己[5]，至於若己者剛[6]；柔勝出於己者，其力不可量。」

老聃曰：「兵強則滅，木強則折。柔弱者生之徒，堅強者死之徒。」

注釋

1 亦：亦即是易。易，指輕視。亦知，就是因輕視而不知道的意思。2 徒：同伙，朋輩，朋友之意。3 粥（普：yù；粵：jy2）子：指鬻熊。4 鄉：指「向」，方向。5 強勝：靠剛強取勝。6 剛：即強斷，折斷之意，不同剛強。

譯文

天下有常勝的道理，有不常勝的道理。常勝的道理叫柔弱，不常勝的道理叫剛強。這兩個道理人也是應該知道的，但人多數不知道。所以上古有言：自己首先不要像對方般剛強；自己要出於柔弱。對方以剛強來駕馭自己的柔弱，那就危險了。依恃自己的柔弱，沒有所謂危險。以這個道理來保住自己的就是朋友，以這個道理來管治天下的也是朋友，就是不用爭勝而自己得到勝利，不用管治而自己就得到管治。鬻子說：「要剛，必須用柔來守護；要強，必須用弱來維護。守着柔必定剛，守着弱必定強。觀察對方所持守的，便可知道禍福的方向。不像自己般強勝，靠剛強駕馭像自己般柔弱，就會折斷。自己出於柔弱，那力量不可計量。」老子說：「兵器堅硬則會被除去，木材堅硬就會折斷。柔弱是生存的朋友，剛強是死亡的朋友。」

賞析與點評

這是《老子》所說柔弱勝剛強的常勝的道理，也是道家處世哲學的核心觀點。《列子》發揮了老子的應世思想，更加進了勝負的觀點，認為柔弱的力量不可計量，是致勝的關鍵。甚至生死存亡，也離不開柔弱的持有。

狀不必童而智童[1]；智不必童而狀童。聖人取童智而遺童狀，眾人近童狀而疏童智。狀與我童者，近而愛之；狀與我異者，疏而畏之。有七尺之骸，手足之異，戴髮含齒，倚而趣者，謂之人；而人未必無獸心。雖有獸心，以狀而見親矣。傅翼戴角[2]，分牙布爪，仰飛伏走，謂之禽獸；而禽獸未必無人心。雖有人心，以狀而見疏矣。庖犧氏、女媧氏、神農氏、夏后氏[3]，蛇身人面，牛首虎鼻：此有非人之狀，而有大聖之德。夏桀、殷紂、魯桓、楚穆[4]，狀貌七竅，皆同於人，而有禽獸之心。而眾人守一狀以求至智，未可幾也[5]。

黃帝與炎帝戰於阪泉之野[6]，帥熊、羆、狼、豹、貙、虎為前驅[7]，鵰、鶡、鷹、鳶為旗幟[8]，此以力使禽獸者也。堯使夔典樂[9]，擊石拊石[10]，百獸率舞；簫韶九成[11]，鳳皇來儀，此以聲致禽獸者也。然則禽獸之心，奚為異人？形音與人異，而不知接之之道焉。聖人無所不知，無所不通，故得引而使之焉。

禽獸之智有自然與人童者，其齊欲攝生[12]，亦不假智於人也[13]：牝牡相偶，母子相親；避平依險，違寒就溫；居則有羣，行則有列；小者居內，壯者居外；飲則相攜，食則鳴羣。太古之時，則與人同處，與人並行。帝王之時，始驚駭散亂矣。逮於末世，隱伏逃竄，以避患害。今東方介氏之國[14]，其國人數數解六畜之語者[15]，蓋偏知之所得[16]。

太古神聖之人，備知萬物情態，悉解異類音聲。會而聚之，訓而受之，同於人民。故先會鬼神魑魅，次達八方人民，末聚禽獸蟲蛾。言血氣之類心智不殊遠也。神聖知其如此，故其所教訓者無所遺逸焉。

注釋

1童：為「同」的假借字，下同。2傅：附，即帶上。3庖犧氏：中國古代人類的始祖，也叫伏犧氏或犧皇。畫八卦，教人漁獵及煮食。女媧氏：中國古代人類的始祖。傳說她用黃土造人，煉石補青天。神農：傳說中的古代帝王。教民耕作，曾嘗百草，製药治病。夏后氏：禹受舜禪讓而建立的夏朝。也叫夏氏、夏后。4夏桀：夏朝的最後一任帝王。兇悍殘酷，王朝最後被商湯所滅。殷紂：商朝最後一任帝王。耽於酒色，王朝最後為周武王所滅，自焚而死。魯桓：指魯桓公，春秋時魯國君主。謀殺父親魯隱公。夫人與齊襄公私通，齊襄公殺死桓公。楚穆：指楚穆王，春秋時楚國君主，殘忍成性，逼害父親楚成王。5幾：通「冀」，希望，期待。6炎帝：中國古代姜姓部族領袖，號稱烈山氏，與黃帝在阪泉開戰，被打敗。7羆：熊的一種，身形碩大，俗稱人熊。貙：古書上説的像狸但大許多的猛獸。8鶡：鳥名，屬雉類，羽毛黃黑色，好爭鬥。9堯：中國古代部落聯盟的領袖，設官掌管時令，制定曆法。堯之後由舜掌治。夔：堯、舜時的樂官。典樂：掌管樂律事務。10石：指磬，用石製成，置於架上，屬敲擊樂。拊：拍擊。11簫韶：虞舜樂曲名。九成：樂曲終結為成。九成即九段樂章或九闋樂章。12攝生：指養生。13假：通「遐」，遠。14介氏之國：假想出來的國家。15數數（普：shuò；粵：sɔk³）：即汲汲，迫切之意。六畜：馬、牛、羊、豕、犬、雞。16偏知：專門的知識。

譯文

外貌不同，而智慧相同；智慧不同，而外貌相同。聖人着重智慧相同，放棄相同的外貌；世人卻喜愛相同的外貌，遠離相同的智慧。外貌與我相同，就親近及喜愛他；外貌與我不同，就疏遠而害怕他。有七尺的體軀，手足不同，上有頭髮，口中含着牙齒，倚立走路，叫作人；但人未必沒有野獸之心。就算有野獸之心，因外貌相同而靠近。長着翅，生着角，張牙舞爪，向上高飛或俯仰奔跑，叫作禽獸；但禽獸未必沒有人心。就算有人心，因為外貌與人不同就給疏遠了。庖犧氏、女媧氏、神農氏、夏后氏，蛇身人面，牛頭虎鼻：他們都長得不似人，卻有聖人的德性。夏桀、殷紂、魯桓公、楚穆王，外貌七竅，與人相同，但是他們都懷着禽獸之心。世人只憑相同的外貌來尋找最高的智慧，那是不能預期的。
黃帝與炎帝在阪泉的野外發動戰爭，率領熊、羆、狼、豹、貙、虎擔當前鋒，鵰、鶡、鷹、鳶作為旗幟，這是用權力來使喚禽獸。堯帝派夔掌管樂律事務，拍擊石磬，百獸相繼起舞；他演奏了九闋韶樂，鳳凰飛來朝覲，是以音樂來招引禽獸。那麼，禽獸之心為什麼不同於人呢？形貌和聲音與人不同，人不知怎麼和牠們接觸。聖人無所不知，無所不曉，所以能夠招引並使喚牠們。
禽獸的智慧天生與人有相同之處，牠們生存養活的智慧不會比人低：雌雄匹配，母子相親；避平依險，避寒趨暖；以羣而居，以列成行；弱小的住在內，強壯的住在外；飲水互相協助，吃食就呼朋引伴。在太古之時，禽獸與人一同相處，一起行走。在帝王之時，禽獸才驚慌亂逃。到了末世，牠們或隱伏或逃避以防禍害。現在東方的介氏之國，那裏的人民還能解讀馬、牛、羊、豬、狗、雞這六種家畜的語言，那是十分專門的知識。
遠古的聖人，全面知道萬物的情態，能夠全部解讀異類的語言，更把禽獸聚在一起，訓練和教導牠們，視牠們同人民一樣。所以最先會集鬼神魑魅，然後才通達八方的人民，最後聚集禽獸和昆蟲。血氣之類的動物，心智相差不遠。聖人知道這些，所以他們所教導和訓練的就沒有遺漏了。

賞析與點評

這章討論外貌與智慧的不同，認為人與禽獸外貌不同，但智慧相近。文中引述上古的例子，證明人和禽獸的分別只在外貌上。禽獸固然與人不盡相同，這章乃反諷人只追求外貌的相似，而忽略開發更重要的東西，那就是人的智慧。

周穆王篇

本篇導讀——

本篇各章貫穿同一個中心思想，就是現實和夢境實在難以分辨，由是引申迷與覺、真與假都不是平常人可以隨便察識的。為什麼現實和夢境、迷與覺、真與假這麼難分辨呢？

列子有步驟地安排了不同的故事，通過老成子學幻術先把「變化」的概念道出，因為天地皆因變化而來，世界的秩序也應從這變化的概念理解，可是平常人大都不以為然。列子認為清醒與夢境分別有八種特徵和六種特點，是人的精神與身體與外界接觸所產生的心理現象。由於這些背景，文中就舉了不同的故事，討論清醒與夢境的關係。有幾個重要的故事：首先是古莽之國、中央之國及阜落之國的人民，他們因着不同的地理位置和文化習慣，就有清醒與夢境的不同理解；然後是僕役與富翁，先是僕役白天工作太辛苦，晚上在夢裏當國君，富翁在白天安排工作予他人太辛苦，晚上夢裏當僕役，身份角色對換，以夢的啟示來安排現實的生活。又有鄭國樵夫與人爭訟誰是鹿的主人，以為得鹿在夢中，卻又在夢中才得以發現鹿所藏之處，加之當時法官的判決，帶出清醒與夢境誰人可以分辨的問題。宋國的陽里華子因為得了忘記事情的病，令家人擔憂，後來病好了，卻又斥退家人，認為忘記一切利害得失比恢復記憶去分辨世間榮辱來得安寧。

列子提出了「神凝」的概念，認為只要精神凝定，那些妄想和惡夢自然會消除。

老成子學幻於尹文先生[1]，三年不告。老成子請其過而求退。尹文先生揖而進之於室，屏左右而與之言曰：「昔老聃之徂西也[2]，顧而告予曰：有生之氣，有形之狀，盡幻也。造化之所始，陰陽之所變者，謂之生，謂之死。窮數達變[3]，因形移易者，謂之化，謂之幻。造物者，其巧妙，其功深，固難窮難終。因形者其巧顯，其功淺，故隨起隨滅。知幻化之不異生死也，始可與學幻矣。吾與汝亦幻也，奚須學哉？」

老成子歸，用尹文先生之言，深思三月，遂能存亡自在，憣校四時[4]；冬起雷，夏造冰。飛者走，走者飛。終身不著其術，故世莫傳焉。

子列子曰：「善為化者，其道密庸[5]，其功同人。五帝之德[6]，三王之功[7]，未必盡智勇之力，或由化而成。孰測之哉？」

注釋

1老成子：戰國時代宋國人。尹文：尹文，戰國時代齊國人，為稷下学派的代表人物。2屏：摒除之意，使退下。徂西：前往西面去。徂，往。3數：指命數。4憣（普：fān；粵fan˥）校：意即改變。憣，通「翻」，憣然指迅速改變。校，改易之意。5密庸：暗地裏生起作用。6五帝：中國上古五位帝王。依據《史記·五帝本紀》，指黃帝、顓頊、帝嚳、唐堯、虞舜。7三王：夏、商、周三代國君。分別是夏禹、商湯、周武王。

譯文

老成子在尹文先生那裏學變幻之術，已經三年了，尹文先生沒有教他。老成子告罪自己的過錯，並要求離開。尹文先生拱手請他走進室內，退下左右跟他說：「以前老聃西遊時，回頭告訴我：有生命之氣，有事物的形狀，全部都是變幻的。天地造化開始之時，由陰陽所變化出來的，叫作生，叫作死。窮究命數，通達變化，根據事物的不同形狀而變幻的，叫作化，叫作幻。造物者技巧奧妙，底子深厚，所以難以窮盡，難以盡數。具形狀的東西，技巧顯明，底子淺薄，所以隨生隨滅。知道變幻和生死是一樣的，才可以學習變幻。我和你也是變幻而來，還要學什麼變幻呢？」

老成子回家後，把尹文先生的話深深思考了三個月，之後就能自在地掌握存亡，變化四季；冬天起雷，夏天造冰；能使飛的行走，使行走的飛行。他終生不顯露自己的道術，因此就沒有把道術流傳於世。

列子說：「善於變幻的人，他祕密地運用道術，他的底子與人一樣。五帝的德行，三王的功業，不必都靠智慧和勇氣，或者是由變化而成就的。誰可測量呢？」

賞析與點評

變化是生命之本，由生到死或由死到生，都是從變化而來，只要知道掌握變化這大自然的律則，就可以理解生命的奧妙、自然的規律。

覺有八徵[1]，夢有六候[2]。奚謂八徵？一曰故，二曰為，三曰得，四曰喪，五曰哀，六曰樂，七曰生，八曰死。此者八徵，形所接也。奚謂六候？一曰正夢[3]，二曰蘁夢[4]，三曰思夢，四曰寤夢[5]，五曰喜夢，六曰懼夢。此六者，神所交也。不識感變之所起者，事至則惑其所由然；識感變之所起者，事至則知其所由然。知其所由然，則無所怛。

一體之盈虛消息，皆通於天地，應於物類。故陰氣壯，則夢涉大水而恐懼；陽氣壯，則夢涉大火而燔焫[6]；陰陽俱壯，則夢生殺。甚飽則夢與，甚飢則夢取。是以以浮虛為疾者，則夢揚；以沉實為疾者，則夢溺。藉帶而寢則夢蛇[7]，飛鳥銜髮則夢飛。將陰夢火，將疾夢食。飲酒者憂，歌舞者哭[8]。

子列子曰：「神遇為夢，形接為事。故晝想夜夢，神形所遇。故神凝者想夢自消。信覺不語[9]，信夢不達[10]，物化之往來者也[11]。古之真人[12]，其覺自忘，其寢不夢，幾虛語哉？」

注釋

1覺：清醒。指離開睡眠進入清醒的狀態。徵：特徵。2候：名詞，事物的特點。3正夢：指一般的夢。4蘁夢：指因夢而受驚，所發的夢叫蘁夢。蘁，即噩，驚愕。5寤夢：在半夢半醒時而發的夢境。6燔：燒。焫：同「爇」，燒。7藉帶：睡在衣帶上。藉，坐臥其上。8飲酒者憂，歌舞者哭：意即夢見飲酒，醒來擔憂；夢見歌舞，醒來哭泣。夢境與現實是呈相反的狀況。9信覺：真正睡醒。10信夢：真正的夢。達：到達，指到達夢境的場所。11物化：事物的變化。12真人：懂得天地變化規律的人。

譯文

清醒有八種特徵，造夢有六種特點。什麼叫八徵？一是故事，二是作為，三是得着，四是喪失，五是悲哀，六是快樂，七是生存，八是死亡。這八種特徵，是形體所接受的。什麼是六候？一是正夢，二是噩夢，三是思夢，四是寤夢，五是喜夢，六是懼夢。這六種特點，是精神所相交的。若不認識事物變化的規律，事情到來時就會對其所出現的原因不理解；若認識事物變化的規律，事情到來就知道它出現的原因。知道事情出現的原因，就沒有什麼可以害怕的了。

人的盈虛消長，都與天地相感通，與外物相感應。所以陰氣強烈，就會夢見走過大水而恐懼；陽氣強烈，就會夢見走過猛火而被焚燒；陰陽兩氣都強烈，就會夢見生死相殺。肚子太飽就夢見給與，肚子太餓就在夢裏索取。所以，以虛浮為毛病的人，就在夢裏上升；以沉實為毛病的人，就在夢裏沉溺。睡在衣帶上就夢見蛇，飛鳥銜着頭髮就夢見飛。陰氣開始強烈會夢見火，開始發病時會夢見飲食。在夢裏喝酒，醒來就會擔憂；夢見歌舞，醒來就會哭泣。

列子說：「精神與外物相交叫夢，身體與外物相接叫事。所以日有所思，夜有所夢，是精神與身體分別與事物有所接觸。因此，精神凝定的人，所思與所夢自然會消失。真正的睡覺不說話，真正的造夢不會到達夢境，那是事物來去的變化規律。古代那些真人，睡醒時忘記一切，睡覺時不會做夢，怎會是假話呢？」

賞析與點評

日有所思，夜有所夢，精神和身體與外物接觸，所產生的心理反應自是有一定的規律。列子解釋了做夢的原因，八徵與六候是概括夢醒與夢中的不同現象。列子認為精神凝定，就可把由外物所引起心理問題解決。

西極之南隅有國焉，不知境界之所接，名古莽之國[1]。陰陽之氣所不交，故寒暑亡辨；日月之光所不照，故晝夜亡辨。其民不食不衣而多眠。五旬一覺，以夢中所為者實，覺之所見者妄。

四海之齊謂中央之國[2]，跨河南北，越岱東西，萬有餘里。其陰陽之審度，故一寒一暑；昏明之分察[3]，故一晝一夜。其民有智有愚。萬物滋殖，才藝多方。有君臣相臨，禮法相持。其所云為不可稱計[4]。一覺一寐，以為覺之所為者實，夢之所見者妄。

東極之北隅有國曰阜落之國[5]。其土氣常燠[6]，日月餘光之照。其土不生嘉苗。其民食草根木實，不知火食，性剛悍，強弱相藉，貴勝而不尚義；多馳步，少休息，常覺而不眠。

注釋 1古莽之國：莽，野草。古莽之國，大概指國家在邊陲之地，罕有人跡。2齊：通「臍」，正中。3中央之國：位處國土中間，故名。3昏明：早晚。分：分界。察：昭著，明顯。4云為：作為。稱：量度。5阜落之國：有城邑的國家，故名。6燠（普：yù；粵：juk˥）：悶熱。

譯文 在西方最南邊的角落有一個國家，國家的邊界不知道與什麼地方接壤，她名叫古莽之國。那裏，陰陽兩氣不調和，所以寒暑不分；日月照不到，所以不分晝夜。國民不吃不穿卻常常睡覺。五十天一覺，以為夢裏所做的事情真實，醒來時看到的東西不真實。

四海中間有個叫中央之國，國土跨越黃河南北，橫渡泰山東西，有一萬多里之遙。那裏，陰陽分明，所以有寒有暑；黑暗與光明的界限清楚，所以有晝有夜。國民有的聰明有的愚笨。萬物滋生繁衍，國民多才多藝。由君主和大臣來治理，以禮節法制來維持。他們的言論和作為多得難以記載。每天睡醒和睡眠，認為覺醒時做的事情真實，睡夢中見到的東西不真實。

在東方最北邊的角落有一個國家叫阜落之國。那裏氣候悶熱，只有日月餘光照耀。土地長不出好苗。國民吃草根樹木果實，不知用火煮食，性情剛烈，強者弱者互相踐踏，好爭勝而不崇尚仁義；多奔走而少休息，常常睡醒不安眠。

賞析與點評

虛構古莽之國、中央之國及阜落之國，從三個面向說明不同的國人對現實與夢境的不同認識，其與陰陽的調和、國家的地理位置、日月的照射不無關係，人活在其中，表現不同的文化及生活取向，真與假沒有絕對的標準。

周之尹氏大治產[1]，其下趣役者侵晨昏而弗息[2]。有老役夫筋力竭矣，而使之彌勤。晝則呻呼而即事，夜則昏憊而熟寐。精神荒散，昔昔夢為國君[3]。居人民之上，總一國之事。遊燕宮觀[4]，恣意所欲，其樂無比。覺則復役。人有慰喻其懃者[5]，役夫曰：「人生百年，晝夜各分[6]。吾晝為僕虜[7]，苦則苦矣；夜為人君，其樂無比。何所怨哉？」

尹氏心營世事，慮鍾家業，心形俱疲，夜亦昏憊而寐。昔昔夢為人僕，趨走作役，無不為也；數罵杖撻，無不至也。眠中啽囈呻呼[8]，徹旦息焉。尹氏病之，以訪其友。友曰：「若位足榮身，資財有餘，勝人遠矣。夜夢為僕，苦逸之復，數之常也。若欲覺夢兼之，豈可得邪？」

尹氏聞其友言，寬其役夫之程，減己思慮之事，疾並少間[9]。

注釋

1周：古代地名，現在陝西岐山一帶。治產：管理產業。2趣役者：四處奔走的僕役。侵晨昏：從早到晚。侵，迫近。3昔昔：夜夜。4燕：通「宴」，宴飲。5懃：同「勤」，愁苦。6分：一半。7僕虜：賤稱僕人。8啽（普：án；粵：em4）囈：說夢話。9間：指病況好了。

譯文

周國有個姓尹的富翁管治家業，手下那些四出奔走的僕役從早到晚沒有休息。有一個老僕役雖然已經做到筋疲力竭，富翁更變本加厲使喚他。白天，他一邊呻吟一邊幹活；夜裏，他就極度疲憊地睡死。精神恍惚，夜夜夢見自己當上國君。位居人民之上，總理一國之事。在宮殿樓台之中遊覽宴飲，縱情欲望，無比快樂。睡醒以後便又去幹活。有人安慰他說他愁苦，老僕役回答說：「人生百年，日夜分明。我白天做奴僕，辛苦歸辛苦；到夜裏我就做國王，快樂無比。有什麼好抱怨的呢？」

姓尹的富翁整天心裏想着管理，考慮家業，弄得身勞神疲，夜裏也疲累不堪地睡覺。夜夜夢見自己當僕役，到處奔走讓人使役，什麼都要做；責罵棒打，無不招致。睡中夢囈呻吟，通宵達旦。姓尹的富翁十分痛苦，於是拜訪他的朋友。朋友說：「你地位尊榮，財富有餘裕，遠勝別人！你夜裏夢為僕人，辛苦和安逸相生，是定數和常理。你想獲得睡醒時和睡夢中的兩種快樂，怎麼可能呢？」

富翁聽了朋友的話，就減少僕人的行程，減少思慮的事情，他的痛苦就好了些。

賞析與點評

富翁與僕役身份懸殊，兩者在現實與夢境裏相反亦相成的遭遇，把由世間的相對性所造成的緊張關係凸顯出來，要解決痛苦，可以怎樣選擇呢？取老僕役的方法，安於現狀，在夢裏解憂；還是像富翁般，減少現實的勞累呢？

鄭人有薪於野者[1]，遇駭鹿[2]，御而擊之[3]，斃之。恐人見之也，遽而藏諸隍中[4]，覆之以蕉[5]，不勝其喜。俄而遺其所藏之處，遂以為夢焉。順塗而詠其

事[6]。傍人有聞者，用其言而取之。既歸，告其室人曰[7]：「向薪者夢得鹿而不知其處；吾今得之，彼直真夢者矣[8]。」室人曰：「若將是夢見薪者之得鹿邪[9]？詎有薪者邪[10]？今真得鹿，是若之夢真邪？」夫曰：「吾據得鹿，何用知彼夢我夢邪？」薪者之歸，不厭失鹿[11]。其夜真夢藏之之處，又夢得之之主。爽旦[12]，案所夢而尋得之[13]。遂訟而爭之，歸之士師[14]。

士師曰：「若初真得鹿，妄謂之夢；真夢得鹿，妄謂之實。彼真取若鹿，而與若爭鹿[15]。室人又謂夢認人鹿[16]，無人得鹿。今據有此鹿，請二分之。」以聞鄭君。鄭君曰：「嘻！士師將復夢分人鹿乎？」訪之國相。國相曰：「夢與不夢，臣所不能辨也。欲辨覺夢，唯黃帝、孔丘。今亡黃帝、孔丘，孰辨之哉？且恂士師之言可也[17]。」

注釋

1薪：取柴草。2駭鹿：受了驚嚇的鹿。3御：迎面而上。4隍：乾了的水池。5蕉（普：qiáo；粵：kiu4）：通「樵」，柴草。6塗：同「途」，道路。詠：如歌唱般向人訴說。7室人：指妻子。8直：就是。9將：抑或，說不定。10詎：難道。11厭：通「愜」，滿意。不厭，即不滿意。12爽旦：明亮的早上。爽，明亮。13案：通「按」，依據。14士師：古代官名，又叫士史，掌禁令和刑獄的官員，即今之法官。15而與若爭鹿：當作「而若與爭鹿」，此話對失鹿者而言。16 認：分辨、辨識。17 恂：相信。

譯文

鄭國有樵夫在郊外砍柴，遇到一頭受驚的鹿，他迎上前去把鹿擊斃。恐怕別人看見，他就慌忙把鹿藏在一個乾了的水池裏，用柴草把牠蓋住，然後高興得不得了。沒多久，就忘記藏鹿的地方，於是以為剛才在做夢。沿路更如歌唱般向人訴說這件事。有旁人聽見，就依照他的話取得了那頭鹿。這人回到家裏，告訴妻子說：「剛才有個樵夫在夢裏打死一頭鹿，卻忘記了收藏的地方；現在被我找到了，那真是個好夢呀！」他妻子說：「說不定是你夢見樵夫得鹿？哪裏有樵夫呢？現在你真的得到了鹿，是你在做夢吧？」男子說：「我得到這頭鹿，何用知道他做夢還是我做夢呢？」樵夫回到家裏，失去鹿心中不是味兒。他夜裏真的夢見收藏鹿的地方，還夢見得到鹿的那個人。第二天清早，樵夫就根據所夢見的路徑，找到了取去他的鹿的那人。兩人為爭鹿而興訟，最後找法官來裁決。

法官說：「你本來真的得到鹿，卻認為自己在做夢；後來真的夢見了鹿，卻認為是事實。他真的取走了你的鹿，他又和你爭鹿。他妻子又說他是在夢中取得了別人的鹿，於是沒有人真的得到鹿。可是現在確有這頭鹿，就一人分一半吧。」這事向鄭國的君主報告。鄭國的君主說：「哈！恐怕法官也在夢中分鹿吧？」他又去詢問國相。國相說：「夢與非夢，我也不能辨別。想辨別清醒或做夢，只有黃帝、孔丘才能夠做得到。如今黃帝、孔丘都死了，誰能分辨呢？姑且依法官的話去做吧！」

賞析與點評

夢與非夢，現實與夢境，何者為真？何者為假？就算法官自己，國相自己，誰在夢境？誰不在夢境？似乎在故事之中仍未可判定。列子要把真實否定，把虛假肯定，模糊真實與虛假的邊界，讓真與假無由落實。真亦假時假亦真，無為有處有還無。

宋陽里華子中年病忘[1]，朝取而夕忘，夕與而朝忘；在塗則忘行，在室而忘坐；今不識先，後不識今。闔室毒之[2]。謁史而卜之[3]，弗占；謁巫而禱之，弗禁；謁醫而攻之，弗已。魯有儒生自媒能治之[4]，華子之妻子以居產之半請其方[5]。儒生曰：「此固非卦兆之所占，非祈請之所禱，非藥石之所攻。吾試化其心，變其慮，庶幾其瘳乎！」

於是試露之[6]，而求衣；飢之，而求食；幽之，而求明。儒生欣然告其子曰：

「疾可已也。然吾之方密傳世，不以告人。試屏左右，獨與居室七日。」從之。莫知其所施為也，而積年之疾，一朝都除。

華子既悟，廼大怒，黜妻罰子，操戈逐儒生。宋人執而問其以。華子曰：「曩吾忘也，蕩蕩然不覺天地之有無[7]。今頓識既往，數十年來存亡、得失、哀樂、好惡，擾擾萬緒起矣[8]。吾恐將來之存亡、得失、哀樂、好惡之亂吾心如此也，須臾之忘，可復得乎？」

子貢聞而怪之，以告孔子。孔子曰：「此非汝所及乎！」顧謂顏回紀之。

注釋

1陽里華子：人名，姓陽里，名華子。病忘：患了不記得事情的病症。2毒：以為苦。3史：史官，掌管祭祀和記事等。卜：占卜。古人用火灼龜甲，視裂紋以推測吉凶禍福。4自媒：自我推薦。5居產：積蓄的財產。6露之：把他放在露天受凍。7蕩蕩然：渺渺茫茫、空曠高遠的樣子。8擾擾：紛亂貌。

譯文

宋國的陽里華子到了中年患了不記得事情的病，早上拿取東西晚上就忘了，晚上給了東西早上就忘了；在路上忘記走路，在屋裏忘記坐下；現在不認得過去，後來又不認得現在。全家都為他的病而苦惱。請史官為他占卜，預測不了；請巫師為他祈禱，阻止不了；請醫生為他治療，停止不了。魯國有個儒生自薦能治好他的病，華子的妻兒願意拿出一半的家產來求取他的方法。儒生說：「這病不是卦兆所能占卜的，也不是祈禱所能去除的，更不是藥物所能治療的。我試感化他的心，改變他的思慮，大概可以治癒吧！」

於是，讓他暴露，他就要衣服；使他受餓，他就要吃飯；困他在暗處，他就要光明。儒生欣然告訴那人的兒子：「你父親的疾病可以止住了，但我的方法是保密的，能傳於世但不告訴外人。試退下左右，我單獨和他在屋內七天。」家人聽從。他們都不知道用了什麼方法，令多年的疾病一下子去除。

華子醒過來後，非常憤怒，擯棄妻子，懲罰兒子，拿起戈來驅趕儒生。宋國人捉住他，問他為什麼這樣。華子說道：「從前我健忘，恍恍惚惚不覺得天地是存在是不存在。現在頓然記起了以前，數十年來的存亡、得失、哀樂、好惡，紛紛亂亂，千頭萬緒一時出現。我恐怕將來的存亡、得失、哀樂、好惡還會像這樣擾亂我的心，片刻忘記，可以重來嗎？」

子貢聽後感到奇怪，把這件事告訴孔子。孔子說：「這不是你所能明白的啊！」回頭吩咐顏回記下這件事。

賞析與點評

列子以華子得忘記症之後的情形為故事的起點，反襯記憶恢復後，華子受到存亡、得失、哀樂、好惡所擾亂，心裏更不好受。究竟得忘記症是幸還是不幸呢？華子失憶，妻兒表現得殷勤周到，甚至傾家蕩產要醫好華子的病，怎料華子恢復記憶，竟把妻兒責罰。對於華子及其妻兒來說，究竟失憶好些，還是恢復記憶好些呢？

秦人逢氏有子[1]，少而惠，及壯而有迷罔之疾[2]。聞歌以為哭，視白以為黑，饗香以為朽[3]，嘗甘以為苦，行非以為是：意之所之，天地、四方、水火、寒暑，無不倒錯者焉。楊氏告其父曰：「魯之君子多術藝，將能已乎？汝奚不訪焉？」

其父之魯，過陳[4]，遇老聃，因告其子之證[5]。老聃曰：「汝庸知汝子之迷乎[6]？今天下之人皆惑於是非，昏於利害。同疾者多，固莫有覺者。且一身之迷不足傾一家，一家之迷不足傾一鄉，一鄉之迷不足傾一國，一國之迷不足傾天下。天下盡迷，孰傾之哉？向使天下之人其心盡如汝子，汝則反迷矣。哀樂、聲色、臭味、是非[7]，孰能正之？且吾之此言未必非迷，而況魯之君子迷之郵者[8]，焉能解人之迷哉？榮汝之糧[9]，不若遄歸也[10]。」

注釋

1 逢：古代姓氏。2 罔之疾：精神迷亂的病症。3 朽：腐爛。4 陳：古國名，處今河南東部和安徽附近。5 證：同「症」，病況。6 庸：即「庸詎」，何以，怎麼。7 臭（普：xiù；粵：tseu3）：氣味。8 郵：通「尤」，最。9 榮：寶貴。10 遄（普：chuán；粵：tsyn4）：急速。

譯文

秦國人逢氏有個兒子，小時候很聰明，壯年卻患了精神迷亂的病。聽到歌唱以為在哭，看到白色以為黑色，享用美食以為腐壞，品嘗甜的以為苦，做錯了以為對：在他心裏，天地、四方、水火、寒暑，都是顛倒錯亂的。楊氏告訴逢氏說：「魯國的君子很有才藝，可能能治好你兒子的病吧，你為什麼不去拜訪他們呢？」逢氏便到魯國去，途經陳國，遇到老子，他就把兒子的病情告訴老子。老子說：「你怎麼知道你兒子精神迷亂呢？現在天下人都分不清是非，辨不清利害。病況相同的多的是，所以沒有清醒的人。況且一個人迷亂不足以傾覆一家，一家迷亂不足以傾覆一鄉，一鄉人迷亂不足以傾覆一國，一國迷亂不足以傾覆天下。如果天下所有人都迷亂了，還有什麼可傾覆呢？假使天下人的心神都像你兒子這樣，你就反倒迷亂了。哀樂、聲色、氣味、是非，誰能正確認識呢？而我這番話也並非不迷亂，更何況魯國那些君子都是最為迷亂的人，怎麼能解除人的迷亂呢？糧食寶貴，不如立即回家去吧！」

賞析與點評

迷亂與不迷亂怎樣判分？迷亂是相對的，在自己眼中看似迷亂，在別人眼中卻並非這樣，如何辨別得清呢？故事中的老子，把迷亂的真相道盡，在他看來，自己所理解的又有可能是迷亂的，旁人以為對方清醒不迷亂，卻比一般人更為迷亂。否定迷亂與不迷亂是此段文字着力之處。

燕人生於燕[1]，長於楚[2]，及老而還本國。過晉國[3]，同行者誑之，指城曰：「此燕國之城。」其人愀然變容。指社曰[4]：「此若里之社。」乃喟然而歎。指舍曰：「此若先人之廬。」乃涓然而泣[5]。指壟曰[6]：「此若先人之冢。」其人哭不自禁。

同行者啞然大笑[7]，曰：「予昔紿若，此晉國耳。」其人大慚。及至燕，真見

燕國之城社，真見先人之廬塚，悲心更微[8]。

注釋

[1]燕：姬姓，古國名。相當於今河北北部和遼寧西端一帶。公元前二二二年為秦所滅。[2]楚：羋姓，古國名。戰國時疆域西北到今陝西商縣東，東南至今江蘇、浙江。公元前二二三年為秦所滅。[3]晉：姬姓，古國名。地有今山西大部，河北、河南和陝西各一部。公元前三七六年分為韓、趙、魏三國。[4]社：祭祀土地神的廟。[5]涓然：慢慢流淚的樣子。涓，細小的水流。[6]壟：墳墓。[7]啞（普：è；粵：ŋɔk^6）然：形容笑聲。[8]更：改變。

譯文

有個燕國人在燕國出生，在楚國長大，老了便回歸本國。經過晉國的時候，同行的人欺騙他，指着前面的一座城說：「這就是燕國的城。」燕人悽愴地改變了臉色。同行的人指着社廟說：「這是你鄉里的社廟。」燕人很是感慨。同行的人指着房屋說：「這是你家祖先住的房子。」燕人不禁潸然落淚。同行的人又指着墳墓說：「這是你祖先的墳墓。」燕人哭個不停。同行的人哈哈大笑，說：「剛才是我騙你的，這裏是晉國。」那個人大為羞愧。回到燕國以後，當他真的見到了燕國的城和社廟，真的見到了祖先的房舍和墳墓時，反而不像之前那樣悲哀了。

賞析與點評

耐人尋味的是，為什麼先看到虛假的東西卻動了真情，大哭不已，後來看到真實的情景卻毫不動情，不太悲傷呢？假的動真情，真的卻不動情，那不是顛倒的人生現象嗎？

仲尼篇

本篇導讀——

閱讀這篇要注意兩個重點：首先，篇中着力諷刺孔子和抨擊公孫龍的學說，認為前者所提倡的詩書禮樂等教化思想，及後者所提及的散漫的思辯方式不足以應世。開首以重新詮釋儒家學說為主，以否定名家，強化道家的思維方式為輔。

重新詮釋儒家有以下幾項：一、重新解釋儒家的樂天知命觀。認為樂天知命並非真樂真知，要突破所樂所知，不受限於己樂己知，才是真樂真知。二、為儒家的聖人重新下定義。真正的聖人體現凝定，把身、心、氣、神及無五者合而為一。三、藉孔子的博學帶出無為而治的治國之道。

道家思維的方式是以二元的相對性來把握人生，教人要關注二元的相對性，活用二元，甚至打破二元。篇中把名家學說與道家思想對舉，抨擊名家把日常生活概念顛覆、把常識混淆的做法。

全篇穿插種種事例，從不同層面闡述道家的思維是閱讀本篇的第二個重點。南郭先生一節，教人要突破言與無言，才可以無所不言，或者無所言。而且，要體驗道的規律，身心得到解放必須經歷不同的修學階段，這樣才能打通事物與人的限隔。如何打通限隔？龍叔的未能完全開竅，對道一知半解的故事可以下注腳。道家所說的兩行思維如何貫徹？怎樣看榮譽、生死和富貴？周宣王力氣大但不聞名，列子怎樣理解力氣大？為什麼要看別人不看的，學別人所不做的？道的規律又是什麼？最後，藉堯的管治，帶出無為而治的管治態度。寫關尹，重申自然而然的人生理則。

仲尼閒居，子貢入侍，而有憂色。子貢不敢問，出告顏回。顏回援琴而歌。孔子聞之，果召回入，問曰：「若奚獨樂？」回曰：「夫子奚獨憂？」孔子曰：「先言爾志。」曰：「吾昔聞之夫子曰：『樂天知命故不憂』[1]，回所以樂也。」孔子愀然有間曰[2]：「有是言哉？汝之意失矣。此吾昔日之言爾，請以今言為正也。汝徒知樂天知命之無憂，未知樂天知命有憂之大也。今告若其實：修一身，任窮達[3]，知去來之非我，亡變亂於心慮，爾之所謂樂天知命之無憂也。曩吾修《詩》、

《書》[4]，正《禮》、《樂》[5]，將以治天下，遺來世；非但修一身，治魯國而已。而魯之君臣日失其序[6]，仁義益衰，情性益薄。此道不行一國與當年，其如天下與來世矣？吾始知《詩》、《書》、《禮》、《樂》無救於治亂，而未知所以革之之方。此樂天知命者之所憂。雖然，吾得之矣。夫樂而知者，非古人之所謂樂知也。無樂無知，是真樂真知；故無所不樂，無所不知，無所不憂，無所不為。《詩》、《書》、《禮》、《樂》，何棄之有？革之何為？」顏回北面拜手曰[7]：「回亦得之矣。」出告子貢。子貢茫然自失，歸家淫思七日，不寢不食，以至骨立[8]。顏回重往喻之，乃反丘門，弦歌誦書，終身不輟。

注釋

1 樂天知命：樂意接受天所賦予的，了解並安於一己的命限。見《易．繫辭上》：「樂天知命，故不憂。」2 愀然：憂傷的樣子。間：一會兒。3 任窮達：不管一己的困窘或顯達。4《詩》：即《詩經》，是中國第一本詩歌總集，收錄周初至春秋的詩歌三百零五篇。《書》：即《尚書》，是中國上古歷史文獻檔案編集。上述兩部經典相傳出自孔子手筆，列入儒家經典。5《禮》：即《周禮》，搜集周室和戰國各國制度，並以儒家思想理念編成。《樂》：即《樂經》，據說是談音樂的儒家經典，但已失傳。6 序：等級秩序，特指君臣、長幼之間應有的位置。7 拜手：古代跪拜禮儀。跪下時隨即兩手相拱，頭叩拜至手。8骨立：人形外貌極為消瘦。

譯文

孔子賦閒在家。子貢進去侍奉他，看見他面帶愁容。子貢不敢問，離開後告訴顏回。顏回取琴而彈並唱起歌來。孔子知道了，最後接見顏回，問道：「你為什麼獨自快樂？」顏回說：「先生為何獨自憂傷？」孔子說：「先談談你的想法。」顏回答道：「從前我聽先生說過：『樂天知命所以不憂愁』，回因此感到快樂。」孔子很感傷，過了一會兒說：「有這樣的話嗎？你不懂了！那是我從前的說法吧，請以我現在所說的為正確吧。你只知道樂天知命不憂愁這方面，不知道樂天知命有大憂愁的一面。現在我告訴你真相：修養身心，不管是困窘還是顯達，知道過去與將來不由得我，心中忘卻變動與紛亂，你所說的樂天知命裏沒有憂愁的意思。從前我修訂《詩》、《書》，訂正《禮》、《樂》，準備以這些經典管治天下，用以傳世；那不只是為了修身、管治魯國而已。但魯國的君臣日漸破壞等級秩序，仁義越來越敗壞，人情越來越涼薄。這種道理不能於一個國家裏實行，不能用於當時，更何況於天下和後世實行呢？我開始明白《詩》、《書》、《禮》、《樂》無助於管治亂世，但我又不知改革的方法。這就是樂天知命仍有所憂慮的緣故。儘管如此，我已懂得了。我懂得的樂與知，並非古人所說的樂與知。無樂無知，才是真樂真知；因此可以無所不樂，無所不知，無所不憂，無所不為。那麼《詩》、《書》、

《禮》、《樂》，為什麼要拋棄呢？為什麼要改革它呢？」顏回向北面拱手施禮說：「我也懂得了！」他離開後告訴子貢。子貢茫然若失，回家深思了七天，廢寢忘食，以至於瘦骨嶙峋。顏回又找孔子解說一遍，返回孔子門下，從此彈琴唱歌，誦讀詩書，終生不停止。

賞析與點評

列子藉孔子治魯而退一事，表達在道家思想脈絡下，所謂樂天知命的真正意思，是在於懂得事情的兩面：樂天知命人所不擔憂之處；樂天知命人所憂心之處。儒家經典救治不了亂世，改革不了現況。不限於已樂與已知，突破所樂所知，才是真樂真知。

陳大夫聘魯[1]，私見叔孫氏[2]。叔孫氏曰：「吾國有聖人。」曰：「非孔丘邪？」曰：「是也。」「何以知其聖乎？」叔孫氏曰：「吾常聞之顏回曰：『孔丘能廢心而用形。』」陳大夫曰：「吾國亦有聖人，子弗知乎？」曰：「聖人孰謂？」曰：「老聃之弟子有亢倉子者[3]，得聃之道，能以耳視而目聽。」魯侯聞之大驚，使上卿厚禮而致之。亢倉子應聘而至。魯侯卑辭請問之。亢倉子曰：「傳之者妄。我能視聽不用耳目，不能易耳目之用。」魯侯曰：「此增異矣。其道奈何[4]？寡人終願聞之[5]。」亢倉子曰：「我體合於心，心合於氣，氣合於神，神合於無。其有介然之有[6]，唯然之音[7]，雖遠在八荒之外，近在眉睫之內，來干我者，我必知之。乃不知是我七孔四支之所覺，心腹六藏之所知[8]，其自知而已矣。」

魯侯大悅。他日以告仲尼，仲尼笑而不答。

注釋

1 聘：代表國家出訪，到別的國家交流訪問。2 叔孫氏：魯國卿大夫。為魯國三桓之一，掌政者之中實力最強。3 亢倉子：人名，又姓庚桑，名楚，為老子的門下弟子。4 道：道術，特別指以耳看東西，以眼睛聽聲音的能力。5 終願：終，畢竟；願，希望。6 介然：堅定的樣子。7 唯然：輕微的樣子。8 六藏：即六腑。胆、胃、大腸、小腸、三焦、膀胱六个器官。

譯文

陳國大夫到魯國訪問，私下拜會叔孫氏。叔孫氏說：「我國有個聖人。」陳國大夫說：「不是孔丘嗎？」叔孫氏說：「是呀！」陳國大夫問：「怎知道他是聖人呢？」叔孫氏回答：「我常常聽顏回說：『孔丘能不用心而用身體。』」陳國大夫說：「我們國家也有聖人，您又知道嗎？」叔孫氏問：「誰是聖人？」陳國大夫回答：「老聃有個弟子叫亢倉子，他懂得老聃的道術，能夠用耳朵看東西，用眼睛聽事物。」魯侯聽後很驚奇，派上卿備厚禮邀請亢倉子。亢倉子應邀而來，魯侯謙恭地問他。亢倉子說：「傳聞胡扯。我可以視聽不用耳朵和眼睛，卻不能變更耳朵和眼睛的作用。」魯侯說：「這就更加奇異了！那道術是怎樣的？寡人畢竟想聽一聽。」亢倉子回答：「我的身體與心和合，心與氣和合，氣與精神和合，精神與虛無和合。它堅定地存在，有微弱的聲音，即使遠在八荒之外，或近在眉宇之間，來干犯我的，我必定知道。來者不知道是我七竅四肢所覺察到，還是心腹六腑得知，來者自知而已。」

魯侯十分高興。過些日子，他把這件事告訴了孔子，孔子笑而不答。

賞析與點評

什麼是聖人？國家文化不同，理解就不一樣。魯國以孔子為聖人，陳國則以亢倉子為聖人。依列子所說，孔子的聖人特點是可以摒棄心的作用而只用身體，以行動為本而忘掉心的作用。亢倉子則能身、心、氣、神、無五者合一，體現凝定的境界，因為凝定，所以堅定地存在；也因為凝定，很容易察覺到微弱的聲音。

商太宰見孔子曰[1]：「丘聖者歟？」孔子曰：「聖則丘何敢，然則丘博學多識者也。」商太宰曰：「三王聖者歟[2]？」孔子曰：「三王善任智勇者，聖則丘不知。」曰：「五帝聖者歟？」孔子曰：「五帝善任仁義者，聖則丘弗知。」曰：「三皇聖者歟[3]？」孔子曰：「三皇善任因時者[4]，聖則丘弗知。」商太宰大駭，曰：「然則孰者為聖？」孔子動容有間，曰：「西方之人，有聖者焉，不治而不亂，不言而自信，不化而自行，蕩蕩乎民無能名焉[5]。丘疑其為聖。弗知真為聖歟？真不聖歟？」商太宰嘿然心計曰[6]：「孔丘欺我哉！」

注釋

1商：指宋國。宋國的首都在商丘，所以有兩個名稱。太宰：官名，主責輔政。2三王：指夏、商、周三代國君。3三皇：指中國上古三個帝王。說法不一，通常指伏羲、神農和黃帝。4因時：體察情況。5名：讚譽。6嘿然：沉默無言。心計：忖度，計量。

譯文

宋國太宰與孔子會面說：「先生是聖人嗎？」孔子回答：「聖人我怎敢當呀，但是我博學廣記。」太宰問：「三王是聖人嗎？」孔子回答：「三王是擅於運用智力和有勇氣的人，是否聖人我不知道。」太宰問：「五帝是聖人嗎？」孔子回答：「五帝是擅於實行仁義的人，是否聖人我不知道。」太宰又問：「三皇是聖人嗎？」孔子回答：「三皇是擅於體察情況的人，是否聖人我不知道。」太宰聽了大感驚奇，說：「那麼誰是聖人呢？」孔子聽了這話，臉色一沉，過了一會兒說：「西方有聖人，不需治理國家，國家不亂；不以言說來令國民相信，國民自然信任；不需教化國民，國民自然實行。廣大無垠，國民無法讚譽他。我懷疑他就是聖人，不知他真是聖人呢，還是並非聖人呢？」宋國太宰沉默無言，心中忖度：「孔丘欺騙我呢！」

賞析與點評

用孔子之口帶出無為而治的西方聖人，國家不用治理反而可以自治，不向國民言說反而可以得到他們的信任，不施教化而國民可以自化。管治、說話、教化三者是治國的基本，不需這些因素國家卻自治了，無為而治的概念呼之欲出。

子列子既師壺丘子林，友伯昏瞀人，乃居南郭[1]。從之處者，日數而不及。雖然，子列子亦微焉[2]，朝朝相與辯，無不聞。而與南郭子連牆二十年[3]，不相謁請；

相遇於道，目若不相見者。門之徒役以為子列子與南郭子有敵不疑[4]。有自楚來者，問子列子曰：「先生與南郭子奚敵？」子列子曰：「南郭子貌充心虛，耳無聞，目無見，口無言，心無知，形無惕[5]。往將奚為？雖然，試與汝偕往。」閱弟子四十人同行[6]。見南郭子，果若欺魄焉[7]，而不可與接。顧視子列子，形神不相偶，而不可與羣。南郭子俄而指子列子之弟子末行者與言[8]，衎衎然若專直而在雄者[9]。

子列子之徒駭之。反舍，咸有疑色。子列子曰：「得意者無言[10]，進知者亦無言。用無言為言亦言，無知為知亦知。無言與不言，無知與不知，亦言亦知。亦無所不言，亦無所不知；亦無所言，亦無所知。如斯而已。汝奚妄駭哉？」

注釋

1南郭：南面的外城池。2微：精微。3南郭子：南郭複姓，已歸隱。4徒役：門徒弟子。5惕：小心謹慎。6閱：點算數目。7欺魄：古代用來求雨的泥土做的娃娃。8末行者：末行，本指微不足道。末行者，排在最後一行，輩份最小者。9衎衎（普：kàn；粵：hɔn^{3}）然：剛直從容的樣子。專直：專心一意。在雄：剛健豪雄。10得意者：領會旨意的人。

譯文

列子已經拜壺丘子林為師，與伯昏瞀人做朋友，住在城南外。每天來追隨的人難以計數。雖然列子的道術精微，天天與徒眾一起講學，遠近聞名。可是，他與南郭子隔牆而居二十年，卻從來不相往來；在路上碰見，好像不曾見過對方。徒眾以為列子與南郭子有恩怨。有個楚國人問列子：「先生與南郭子有什麼仇怨？」列子回答：「南郭子容貌飽滿，內心虛靜，耳無所聞，眼無所見，口無所言，心無所知，形體無所拘牽。去他那裏有什麼事可做呢？雖然如此，我試和你一起去看看吧。」

於是，列子點算了四十名弟子同行。見到南郭子，他果然好像個泥人，無法跟他交流。南郭子回頭看列子，他形和神相離，不可能與他一起相處。南郭子過了一會兒指着列子弟子中站在最後的，和他說話，剛直從容，專心一意，剛健豪雄似的。列子的弟子大為驚怕。回到住所，各人臉上都甚為懷疑。列子說：「懂得真諦的人無言，什麼也知道的人無言。以無言來表示也是言說，以無知來表示知道也是知；無言與不言，無知與不知，亦言亦知，亦無所不言，亦無所不知，亦無所言，亦無所知。只是如此而已，你們又何需害怕？」

賞析與點評

南郭先生的道術很是高明，內心虛靜，對事物無所言，卻又可隨意而言，令列子眾弟子心生害怕。列子卻參透箇中玄機，他說得到事物的真意就無言，但是這個「無言」本身即是言說。因此，若從肯定及否定兩方面看，有言與無言，實在窮盡言說全部內容。於是言說的內容：言與無言，也就可以無所不言，可以無所言。此言與無言的思辯和佛教中觀學派的四句思維頗為相近。

子列子學也，三年之後，心不敢念是非，口不敢言利害，始得老商一眄而已[1]。五年之後，心更念是非，口更言利害，老商始一解顏而笑。七年之後，從心之所念[2]，更無是非；從口之所言，更無利害。夫子始一引吾並席而坐。九年之後，橫心之所念，橫口之所言[3]，亦不知我之是非利害歟，亦不知彼之是非利害歟，外內進矣[4]。而後眼如耳，耳如鼻，鼻如口，口無不同[5]。心凝形釋，骨肉都融；不覺形之所倚，足之所履，心之所念，言之所藏。如斯而已。則理無所隱矣。

注釋

1眄：斜着眼看。2從：同「縱」，有任從、任憑之意。3橫：縱橫之意，橫心指心運思各個方向；橫口指言說擴及各個方面。4 **進**：同盡，竭盡的意思。5 **口無不同**：「口」字當為衍文。

譯文

列子學道，三年之後，心裏不敢念着是非，口裏不敢談着利害，這才得到老商氏斜着眼看。五年之後，心中一再念着是非，口裏一再談着利害，老商氏方才開顏而笑。七年之後，任憑心所想，再也沒有是非；任憑口所說，再也沒有利害。先生才讓列子和他並席而坐。九年之後，縱橫上下心裏所想，縱橫上下口裏所說，也不知道自己的是非利害是什麼，也不知道對方的是非利害是什麼，內心與外物窮盡。之後，眼睛像耳朵一樣，耳朵像鼻子一樣，鼻子像嘴巴一樣，沒有什麼不同。然後心神凝定，形體釋放，骨肉融合為一；感覺不到身體所倚靠的，腳下所踩踏的，心中所思想的，言語所隱藏的。如此而已，則道理無可隱藏的了。

賞析與點評

列子學道提出了兩個重要信息：第一，學道是循序漸進的，有一定的歷程和階段。三年、五年、七年及九年分別代表四個階段。到第九年，才能理解道的真相。第二，一朝體驗道的規律，沒有是非和利害，身心得到解放，打通自己與外物的界限，更不受外物的牽絆了。

初，子列子好游。壺丘子曰：「禦寇好游，游何所好？」列子曰：「游之樂所玩無故[1]。人之游也，觀其所見；我之游也，觀之所變。游乎游乎！未有能辨其游者。」壺丘子曰：「禦寇之游，固與人同歟，而曰固與人異歟？凡所見，亦恆見其變。玩彼物之無故，不知我亦無故。務外游，不知務內觀[2]。外游者，求備於物；內觀者，取足於身。取足於身，游之至也；求備於物，游之不至也。」

於是列子終身不出，自以為不知游。壺丘子曰：「游其至乎！至游者，不知所適；至觀者，不知所眂[3]，物物皆游矣，物物皆觀矣，是我之所謂游，是我之所謂觀也。故曰：游其至矣乎！游其至矣乎！」

注釋

1游：遊玩之意。故：舊之意。無故：指沒有舊事物，只有新事物。2內觀：對自身的觀察。3眂：同「視」。

譯文

最初，列子很喜歡遊玩。壺丘子問：「你喜歡遊玩，喜歡遊玩什麼呢？」列子回答：「遊玩的樂趣在於常常看到新事物。別人遊玩，只觀賞所看到的；我遊玩時卻觀察事物的變化。遊玩啊！遊玩啊！沒有人能辨別遊玩的性質。」壺丘子說：「禦寇的遊玩，根本與別人相同！而說與別人不同！凡所看到的事物，都看事物的變化。知道遊玩時事物常新，卻不知自身也是常新的。追求往外遊玩，不知觀察內在自身。外遊觀察事物，追求的只是外物的完備；觀察內在自身，要充分取得於自身。充分取得於自身，是至高的遊玩；而求之於外物，並非遊玩的至高境界。」列子於是終身不再外出遊玩，以為自己不懂得什麼是遊玩。壺丘子說：「遊玩可有至高境界？至高的遊玩不知道要去哪裏；至高的觀察不知所要看的。萬事萬物都可遊玩，萬事萬物都可觀察，這就是我所謂的遊玩，我所謂的觀察。所以說：這就是至高的遊玩！這是至高的遊玩！」

賞析與點評

列子最初學道，以分別自己與他人為思考的重點，以為看到事物的變化，境界就比其他人只看事物的特點為高。經壺子點明，原來遊玩的最高境界在於不去分別所到的地方；遊玩時觀察事物，也不去分別所觀察的事物，隨任所要遊玩的地方、所看到的事物，不起分別心，能指與所指沒有分別。

龍叔謂文摯曰[1]：「子之術微矣[2]。吾有疾，子能已乎？」文摯曰：「唯命所

聽。然先言子所病之證[3]。」龍叔曰：「吾鄉譽不以為榮，國毀不以為辱；得而不喜，失而弗憂；視生如死，視富如貧；視人如豕，視吾如人。處吾之家，如逆旅之舍；觀吾之鄉，如戎蠻之國。凡此眾疾，爵賞不能勸，刑罰不能威，盛衰、利害不能易，哀樂不能移。固不可事國君，交親友，御妻子，制僕隸。此奚疾哉？奚方能已之乎[4]？」文摯乃命龍叔背明而立，文摯自後向明而望之。既而曰：「嘻！吾見子之心矣，方寸之地虛矣[5]。幾聖人也！子心六孔流通[6]，一孔不達。今以聖智為疾者，或由此乎！非吾淺術所能已也。」

注釋

1 龍叔：為春秋時宋國人。文摯：春秋時宋國大夫，曾為齊文王治病。2 微：精微。3 證：同「症」，症候。4 已：停止。5 方寸之地：指人心。6 六孔：指人之七孔，人面上眼耳口鼻七個孔穴。

譯文

龍叔對文摯說：「您的醫術很精微。我有疾病，您能治好嗎？」文摯回答：「一切聽從您的吩咐。但是請先說說您的病症。」龍叔說：「我不以鄉里的稱譽為榮；不以國家毀滅為侮辱；不以獲得東西而歡喜，不以失去東西而擔憂；認為生好像死，認為富好像貧；認為人好像豬，認為自己好像他人。住在自己家裏，好像是在旅舍；觀看自己的家鄉，它好像是蠻荒之國。這種種病症，進爵賞賜不能勸止，刑罰不能威服，盛衰利害不能改變，哀樂不能移易。因此就不能事奉國君，交結親友，管教妻兒，役使奴僕。這是什麼病呢？有什麼方法能治好它呢？」文摯便吩咐龍叔背着光線站立，文摯在後面向光線望過去，過了一會兒說：「嘻！我看見你的心了！小小的心已經虛靜了。幾乎要成為聖人了！六孔已經流通，只有一孔還未暢通。現在你把這種聖人的智慧當作疾病，或者就是因為這樣！這並非我淺陋的醫術所能治癒的。」

賞析與點評

醫生治病，能使人身體康復，龍叔所患的是心病，文摯這醫生治不了。可是文摯已經指出了龍叔的問題。龍叔所描述的，實在是道家式的看事物的方法，但是並不完備。不以榮譽為榮，把生視作死，富視作貧，是嘗試打破世間的相對性的思維方式。再進一步說，不以榮譽為榮，是否定榮譽，不停駐於榮譽的思維，運思的方向是對的，但是，不以榮譽為榮，隱含了又以什麼為不榮呢？如果視生如死，又視死為什麼呢？如果視富為貧，又視貧為什麼？龍叔看到了世間相對性的一面，另一面卻還未看清楚，所以文摯說還有一孔未開，覺得龍叔未能完全打開智慧之門。

無所由而常生者[1]，道也。由生而生，故雖終而不亡，常也[2]。由生而亡，不幸也。有所由而常死者，亦道也。由死而死，故雖未終而自亡者，亦常。由死而生，幸也。故無用而生謂之道[3]，用道得終謂之常；有所用而死者亦謂之道，用道而得死者亦謂之常[4]。季梁之死[5]，楊朱望其門而歌；隨梧之死[6]，楊朱撫其屍而哭。隸人之生[7]，隸人之死，眾人且歌，眾人且哭。

注釋

1 由：指因由，是事物或事情出現的原因。2 常：恒常之意，即普遍的規律。3 無用而生謂之道：沒有作用卻可生存，是道。4 用道：用，「以」之意，即以道。5 季梁：戰國初期魏國人，與楊朱是好朋友。6 隨梧：與楊朱同時代的人。7 隸人：從事勞役的人，與平民相對。

譯文

沒有因由而恒常存在的，是道。因着生存而存在，所以雖然到了最後卻不消亡，那是恒常。因着生存而死亡，是不幸。有因由而恒常死亡的，也是道。因着死亡而死亡，所以雖然未到最後而自己死去，也是恒常的。因着死亡而生，是幸運。沒有作用而生的，是道。以此道而得到善終叫作恒常；有作用而最後死亡也叫道，以此道而得死亡也叫作恒常。季梁死，楊朱望着他的家門歌唱；隨梧死，楊朱撫着他的屍體哭泣。奴役者生，奴役者死，眾人或是歌唱，或是哭泣。

賞析與點評

道的規律，是兩行的思考方式，即同時肯定事物的正、反兩面，不嘗試去判定誰是誰非，正是對的，反也是對的。無論是生，是死，是有用，是無用，是幸，是不幸，是歌，是哭，一正一反，都是道的規律，都是恆常的。

目將眇者[1]，先睹秋毫；耳將聾者，先聞蚋飛；口將爽者[2]，先辨淄澠[3]；鼻將窒者，先覺焦朽；體將僵者，先亟犇佚[4]；心將迷者，先識是非：故物不至者則不反。

注釋

1 眇（普：miǎo；粵：miu[5]）：一隻眼睛瞎了，後指眼瞎。2 爽：違背，如爽約。3 淄：水名，即在今山東的淄河。澠：水名。一作繩水，在今山東臨淄東北，已不復存在。4 亟：急切。犇佚：即「奔佚」或「奔逸」，疾馳的樣子。

譯文

眼睛將看不見，先能察見秋毫；耳朵將聽不到，先能聽到蚊子飛的聲音；口將會違背承諾，先能辨別淄水和澠水的差異；鼻子將會堵塞的人，先能嗅到火焦腐朽的氣味；身體將僵直的人，先急切要奔馳；心將迷亂，先能懂得是非：所以事物不發展到極點，不會得到反面的結果。

賞析與點評

這是物極必反的道理。事物在走向相反結果之前，會把自己推向極限。

鄭之圃澤多賢[1]，東里多才[2]。圃澤之役有伯豐子者[3]，行過東里，遇鄧析[4]。鄧析顧其徒而笑曰：「為若舞[5]，彼來者奚若？」其徒曰：「所願知也[6]。」鄧析謂伯豐子曰：「汝知養養之義乎[7]？受人養而不能自養者，犬豕之類也；養物而物為我用者，人之力也。使汝之徒食而飽，衣而息，執政之功也。長幼羣聚而為牢藉庖廚之物[8]，奚異犬豕之類乎？」

伯豐子不應。伯豐子之從者越次而進曰：「大夫不聞齊、魯之多機乎？有善治土木者，有善治金革者[9]，有善治聲樂者，有善治書數者[10]，有善治軍旅者，有善治宗廟者[11]，羣才備也。而無相位者[12]，無能相使者[13]。而位之者無知[14]，使之者無能[15]，而知之與能為之使焉。執政者，乃吾之所使；子奚矜焉[16]？」鄧析無以應，目其徒而退。

注釋

1圃澤：古代大澤的名字。在今河南中牟縣。賢：有德行的人。2東里：春秋時鄭國大夫子產居住的地方，在今河南新鄭城。才：有才能的人。3役：徒眾。伯豐子：列子的學生，也叫伯豐。4鄧析：春秋戰國時有名的鄭國思想家，與老子、孔子同時。5舞：舞弄，嘲弄。6願知：希望參與。7養養：兩個養字前後意思有些不同，前者被動，指接受供養；後者主動，指自力養活自己。8牢藉：牢，指圍着牲畜的欄。藉，指墊在圍欄下面的東西。9金革：指武器。10書數：即六藝中的「書」和「數」，識字與算術。11宗廟：帝王或諸侯祭祀祖宗的祠廟。12相位：相，互相、雙方；位，位置、地位。13相使：役使或吩咐別人。14位之者：居處上位者。無知：意思近於「無為」即有知但卻韜光晦跡，在世俗眼裏顯得無知。這是伯豐子等人的自謂。下文「無能」同此義。15使之者：即「能相使者」，役使他人的人。16矜：自恃，自誇。

譯文

鄭國圃澤有很好德行的賢士，東里也有很多有才幹的人。圃澤有個名叫伯豐子的弟子，從東里經過，遇見鄧析。鄧析回頭對弟子笑說：「我為你們去戲弄那個走來的人如何？」弟子說：「我們希望參與！」鄧析便對伯豐子說：「你知道受人養活和自己養活自己的含義嗎？受他人養活而不能自己養活自己，是豬狗同類；培養他物使之為我所用，是人的能力。讓你們這類人吃飽，穿暖睡好，是執掌政事的功勞。年長的與年少的聚在一起，為了圍欄蓺草和廚子的東西，與豬狗之類有什麼分別？」

伯豐子不回應。他的隨從走上前來回答道：「大夫您沒有聽說齊、魯兩國技藝出眾的人嗎？他們有的擅長從事土木工程，有的擅長執掌兵器，有的擅長表演音樂舞蹈，有的擅長識字算術，有的擅長軍隊作戰，有的擅長主持宗廟，眾多的才幹完備。而他們之間沒有誰的位置高於誰，沒有誰能役使誰。反而，能決定位置高低的人沒有知識，能役使他人的沒有才能，有知識和有才能的都役使他。執政者，正是被我們所使役；你還有什麼值得自恃的呢？」鄧析沒有回應，只好用眼示意自己的徒眾離開。

賞析與點評

鄧析以領袖的身份，取笑伯豐子，卻反被伯豐子的弟子所揶揄。所謂執政者看似居於高位，但在伯豐子弟子眼中只不過是沒有知識沒有才幹的人。這裏要透露的一個信息，是統治者與被統治者雖然相對，但就誰是主導者的角度看，被統治者不一定是被役使的角色。

公儀伯以力聞諸侯[1]，堂谿公言之於周宣王[2]，王備禮以聘之。公儀伯至。觀形，懦夫也。宣王心惑而疑曰：「女之力何如？」公儀伯曰：「臣之力能折春螽之股[3]，堪秋蟬之翼。」王作色曰：「吾之力者，能裂犀兕之革[4]，曳九牛之尾，猶憾其弱。女折春螽之股，堪秋蟬之翼，而力聞天下，何也？」

公儀伯長息退席[5]，曰：「善哉王之問也！臣敢以實對。臣之師有商丘子者[6]，力無敵於天下，而六親不知，以未嘗用其力故也。臣以死事之，乃告臣曰：『人欲見其所不見，視人所不窺；欲得其所不得，修人所不為。故學視者先見輿薪[7]，學聽者先聞撞鐘。夫有易於內者無難於外。於外無難，故名不出其一家。』今臣之名聞於諸侯，是臣違師之教，顯臣之能者也。然則臣之名不以負其力者也，以能用其力者也，不猶愈於負其力者乎？」

注釋

1 公儀伯：周朝有德行的賢士。2 堂谿公：周朝有德行的賢士。3 春螽：蝗蟲的一種，春季出現，樣子像蚱蜢。股：大腿。堪：承受，支持。4 兕：古書上說的雌犀牛。5 長息：長長的歎息。退席：離開座位。6 商丘子：即〈黃帝篇〉中的老商氏，懂道術。7 視：看，觀察。輿薪：車子上的柴草。

譯文

公儀伯因為力大在諸侯之中很有名，堂谿公告訴周宣王此事。周宣王備禮聘請他。公儀伯到來後，周宣王看他的外表，像個軟弱無力的人。周宣王心裏疑惑問：「你的力氣怎樣？」公儀伯回答：「我的力氣能夠折斷春螽的大腿，承起秋蟬的翅膀。」周宣王臉色一變說：「我的力氣能夠撕裂犀牛的皮革，拖住九頭牛的尾巴，我還覺得自己的力氣太小而遺憾。而你只能折斷春螽的大腿，承起秋蟬的翅膀，卻以力大而聞名天下，這是為什麼？」

公儀伯長歎一聲，離開座位說：「大王問得好啊！請讓我把實情告訴您。我的一位老師商丘子，力氣天下無敵，但他的父母兄弟妻子都不知道，那是因為他從不使用自己的力氣。我拚死追隨他，他才告訴我說：『人想看到所看不見的東西，就要觀察別人所不看的東西；想得到人所得不到的東西，就要修學別人所不做的。所以學習觀看的人應該先看車子上的柴薪，學習聽聲音的人應該先聽敲鐘的聲音。內心改變了，表現出來不難。表現出來不難，可名聲不要彰顯出一家之外。』現在我的名聲聞名於諸侯，是我違背老師的教導，顯示自己的能力。但是我的名聲不只依靠力氣而來，而以能運用自己的力氣而來，這不是勝過只依靠力氣嗎？」

賞析與點評

力氣大是什麼意思？以周宣王的力量看來，已經是挺厲害的了，他能撕裂牛皮，一手舉起九頭牛，為什麼還不能以力氣聞名天下？公儀伯藉商丘子說明懂得運用力氣比本身就具有力氣的先天品質更能揚名。怎樣運用自己的能力呢？看別人不看的東西，學別人所不做的事情，把其他人輕視的都看得重要。

中山公子牟者[1]，魏國之賢公子也。好與賢人游，不恤國事，而悅趙人公孫龍[2]。樂正子輿之徒笑之[3]。公子牟曰：「子何笑牟之悅公孫龍也？」子輿曰：「公孫龍之為人也，行無師，學無友，佞給而不中[4]，漫衍而無家[5]，好怪而妄言。欲惑人之心，屈人之口，與韓檀等肄之[6]。」公子牟變容曰：「何子狀公孫龍之過歟[7]？請聞其實。」子輿曰：「吾笑龍之詒孔穿[8]，言『善射者，能令後鏃中前括[9]，發發相及，矢矢相屬[10]；前矢造準而無絕落[11]，後矢之括猶銜弦[12]，視之若一焉』。孔穿駭之。龍曰：『此未其妙者。逢蒙之弟子曰鴻超[13]，怒其妻而怖之。引烏號之弓[14]，綦衛之箭[15]，射其目。矢來注眸子而眶不睫[16]，矢隧地而塵不揚[17]。』是豈智者之言與？」公子牟曰：「智者之言，固非愚者之所曉。後鏃中前括，鈞後於前。矢注眸子而眶不睫，盡矢之勢也。子何疑焉？」

樂正子輿曰：「子龍之徒，焉得不飾其闕？吾又言其尤者。龍誑魏王曰[18]：『有意不心。有指不至。有物不盡[19]。有影不移。髮引千鈞。白馬非馬[20]。孤犢未嘗有母。』其負類反倫[21]，不可勝言也。」

公子牟曰：「子不諭至言而以為尤也[22]，尤其在子矣。夫無意則心同。無指則皆至。盡物者常有。影不移者，說在改也。髮引千鈞，勢至等也。白馬非馬，形名離也。孤犢未嘗有母，非孤犢。」

樂正子輿曰：「子以公孫龍之鳴皆條也[23]。設令發於餘竅[24]，子亦將承之。」

公子牟默然良久，告退，曰：「請待餘日，更謁子論。」

注釋

1 公子牟：戰國時道家人物，即魏牟，因封於中山，故名中山公子牟。與公孫龍要好，常為他辯護。2 公孫龍：戰國末名家的代表人物，趙國人。能言善辯，曾是平原君的門客。3 樂正子輿：樂正為複姓，名子輿。4 佞給：即善辯，有才智。5 衍：指沒有定式，沒有規範，不受約束。[6]韓檀：戰國時趙人。曾是平原君的門客，以善辯聞名。肆：研習。[7]狀：陳述，申訴。這裏有列數罪過的含義。[8]詒：欺騙。孔穿：戰國魯人，孔子的七代孫，字子高。曾與公孫龍辯論，後成為公孫龍的弟子。[9]括：通「栝」，箭的末端。[10]屬：相連接。[11]造準：造，指去，到達，這裏指箭到達箭靶。準，箭靶的中心。絕落：斷落。[12]猶銜弦：猶，仍然。銜弦，指箭尾掛搭在弓弦上。[13]逢蒙：夏時箭藝不凡的人。鴻超：逢蒙的學生，擅長射藝。[14]烏號：古代名弓。[15]綦衛：古時出產在綦地的利箭。[16]注：灌進去的意思。注，也有集中的意思。眸：瞳孔。眶：眼的四周。睫：眨眼。[17]隧：通「墜」，落下。[18]魏王：指魏襄王，公元前三一八至前二九六年在位。[19]有意不心：意雖然出自心，但既叫作意，就不是心了。有指不至：大凡有所指，即是事物還未得到。若事物得到了，則無所指。有物不盡：物體分割不盡，若可以分割盡的，則不是物件了。[20]有影不移：影子因光而生，有光就有影，光不會移動，所以影也不移動。飛鳥的影其實也不移動，看見移動的影子，其實是影子不斷出現，令人覺得移動。髮引千鈞：髮束可以負重千斤。白馬非馬：公孫龍有名的命題。認為白馬不是馬，因為白馬有白的性質與馬的不同。那是種屬兩者並不相同的概念，白馬是屬，馬是種。[21]孤犢未嘗有母：孤是獨，是沒有所屬之意。因此，有母就不是孤，既說孤，則未嘗有母。負類反倫：即與同類的不同，反倫：指違反日常規律。22 尤：過失，錯誤。23 鳴：對公孫龍言論的貶語，鳥獸的鳴叫。

條：條理，系統。24 發於餘竅：貶語，放屁。

譯文

中山公子牟，是魏國一個賢能的公子。喜歡和有德行的賢士交遊，不體恤國事。他喜歡趙國人公孫龍。樂正子輿等人卻取笑他。公子牟問道：「你們為什麼要取笑我喜歡公孫龍呢？」子輿回答：「公孫龍的為人，行事沒有老師，學習沒有朋友，善於詭辯而不合情理，思想沒有規範而不成學派，喜愛怪異而胡言亂語。想迷惑別人的心，折服別人，與韓檀等人修習這些。」公子牟變了臉色說：「你把公孫龍描繪得太過了吧！請讓我聽聽事實。」樂正子輿道：「我笑的是公孫龍欺騙孔穿，說『擅長於箭術的人，能讓後面的箭頭射中前面的箭尾，一發接一發，一箭接一箭；前面的箭射中靶心，中間沒有墜落的，最後一枝箭尾還掛搭在弓弦上，看似相連而為一』。孔穿大為驚駭。公孫龍說：『這還不算奇妙。夏朝神箭手逢蒙有個弟子叫鴻超，遷怒妻子，於是嚇唬她。拉開黃帝的烏號之弓，搭上衞國的綦衞箭，射向妻子的眼睛。箭飛到瞳孔前，眼窩都不眨一下；箭落到地面上，灰塵一點都不揚起。』這難道是智者說的話麼？」公子牟回答：「智者說的話本來就不是愚者所能理解的。我告訴你，箭頭射中前面的箭尾，前後的力量輕重相當。箭飛到瞳孔，眼窩不眨一下，因為箭的衝力剛好用盡了。你疑惑什麼呢？」

樂正子輿道：「公孫龍的徒弟，怎能不幫他掩飾缺失呢？我要說更加過分的事。公孫龍欺騙魏王說：『意念不是本心；有所指是因為目的還能達到；物體永遠分割不盡；影子從來就不移動；頭髮能提起千鈞重物；白馬不是馬；孤獨的牛犢未曾有母親。』種種背離事物的類別，違反常識的言論，真是多不勝數！」

公子牟說：「你不懂這些最高深的道理，以為它們是錯誤的，其實錯誤的是你吧！意念出現前，心意相同；沒有所指涉的，什麼都到來了；物體可以無限分割，但是分割事物的人不能；影子沒有移動，因為它不斷更生；髮懸千鈞，在於它們的受力均等；白馬非馬，物體及其名稱不相應；孤獨的牛犢沒有母親，要是有母親，那不叫孤獨的牛犢了。」

樂正子輿說道：「你以為公孫龍的鳴叫也甚具條理和系統，假如他放屁，你也會去承接吧。」公子牟沉默了好一陣子，告辭說：「過幾天，我再找你辯論。」

賞析與點評

道家思維的方式是以二元的相對性來把握人生，一般人認識人生，是說是，非說非，甚至非此即彼，或者非彼即此，因而造成此亦一是非，彼亦一是非的困局。道家教人處世，要關注二元的相對性，不否定是，不否定非，肯定是，又肯定非，又或者以是包容非，以非包容是，把二元的對立打破。名家把日常生活概念顛覆，把常識混淆，令人摸不着頭腦，那是運用二元思維的極端例子。

堯治天下五十年，不知天下治歟，不治歟？不知億兆之願戴己歟[1]，不願戴己歟？顧問左右，左右不知。問外朝，外朝不知。問在野，在野不知。堯乃微服游於康衢[2]，聞兒童謠曰：「立我蒸民[3]，莫匪爾極[4]。不識不知[5]，順帝之則[6]。」堯喜問曰：「誰教爾為此言？」童兒曰：「我聞之大夫。」問大夫，大夫曰：「古詩也。」堯還宮，召舜，因禪以天下[7]。舜不辭而受之。

注釋

1 億兆：本指數量非常多，這裏特指庶民百姓。戴己：擁護。2 康衢：指四通八達的大路。3 立：樹立，成就之意。蒸：通「烝」，眾多之意。4 莫匪：莫非。匪，同「非」。爾極：爾，即你，人稱代名詞。極，最高的標準。5 不識不知：即不識古今，順自然而行。指古代民風淳樸。6 帝：指天、自然、天地的主宰。則：榜樣，準則。7 禪：禪讓。中國古代歷史上統治權位交接及傳授的方式，帝位讓給有德行的人。

譯文

堯管治天下五十年了，不知道社會安定，還是不安定呢？不知道眾多的老百姓願意擁護自己，還是不願擁護自己呢？他諮詢左右近臣，左右近臣不知道。問外朝官員，外朝官員不知道。又問在野的賢士，在野的賢士也不知道。堯穿上平民的衣服在四通八達的大路上遊玩，他聽見兒童在唱歌謠：「成就我眾多百姓，無非以你為榜樣。不識不知古今，順從自然之道。」堯高興地問他們：「誰教你們作這歌的？」兒童回答：「我們從大夫那兒聽來的。」堯去問大夫。大夫回答：「這是古詩。」堯回到宮廷，召來舜，將王位禪讓給他。舜沒有推辭就接受了。

賞析與點評

藉堯的管治，帶出無為而治的管治態度。那就是不知道自己的管治能否得到社會安定，令老百姓富足。無為之治的真諦，就是連執政者都不刻意去了解自己的管治，無為才是有為的意思很明顯。

關尹喜曰：「在己無居[1]，形物其著[2]，其動若水，其靜若鏡，其應若響。故其道若物者也[3]。物自違道，道不違物。善若道者，亦不用耳，亦不用目，亦不用力，亦不用心。欲若道而用視聽形智以求之，弗當矣。「瞻之在前，忽焉在後；用之彌滿六虛[4]，廢之莫知其所。亦非有心者所能得遠，亦非無心者所能得近。唯默而得之而性成之者得之。「知而忘情，能而不為，真知真能也。發無知，何能情？發不能，何能為？聚塊也，積塵也，雖無為而非理也。」

注釋

1 居：住處。2 物：事物。其：指自己。著：彰顯，顯露。3 若：好像。道：指道的規律。4 六虛：指上下四方，六個空間位置。

譯文

關尹快樂地說：「事物自己沒有住處，事物自然顯露，它的活動像流水，靜止像鏡子，回應像聲響一樣。所以說，道像事物自己，事物自己背離道，可道不背離事物。品性像道的人，不用耳朵，不用眼睛，不用力氣，也不用心靈。希望與道看齊，運用視覺和聽覺，依據形象和智力去求道，那是不恰當的。「看見道在前面，忽然它到了後面；道產生作用時，它充塞上下四方；不起作用時，不知它往哪裏去。不是有心求道道卻在遠方；更不是無心求道道就在附近。

只有沉默不語才可獲得，及順自然之性才可獲得。知道情感而忘卻情感，有能力而不去做，才是真正知道，真正有能力。一開始就不知道，何以能說情感？一開始就不能，何以能有所作為？堆積土塊，積聚灰塵，雖然都屬無為，但是這並非道的理則。」

賞析與點評

本節關尹再一次描述道的規律，這次重點放在自然而然的特點上。從道的觀點看事物，事物自然出現，沒有住處，像流水順適，像鏡子靜止，像回聲自然應答，不落入形相，不必刻意求之，以無為為有為，以無知為有知，離開二元的對立，那就是道的法則。

湯問篇

本篇導讀——

本篇以十多個稀奇的故事所組成，編排甚有意思。可以從幾個角度去看：

首先，中心與邊緣的對舉。藉殷湯問夏革關於世界的觀念，帶出中原與異域在氣候、環境、人種、風俗，器物等方面巨大的差別。大人國、小人國與中國比較，實在令人難以想像前者存在的可能性。引入邊緣（異域）與中心（中原）的思考非常明顯。大禹誤入終北國，令人想起《桃花源記》。究竟自己的國家好些，還是他國較好呢？中心國強盛，還是邊緣國物阜呢？中原是否就比蠻夷優勝呢？擴大視界，要讓其他國族成為自己的一面鏡子。

然後是局限的突破。愚公移山的故事實在家傳戶曉，愚公的突破不在於單單的堅持與毅力，更重要的是愚公把空間限制和時間限制一一打破，以最卑微的人力來完成壯舉。在天地之中人的確渺小，能以人力突破時空的限制，如此平凡的念頭卻創造了頂天立地的超凡人格。

再者，什麼是自然之道？用意專一，手心相應是釣魚、射箭、駕車、馭馬、彈奏的技術，由技進道，技術到最後都要否定，釣魚要不輕不重，射箭要先不射箭，駕車馭馬要能不駕車不馭馬，彈奏樂器是彈奏大自然而非樂律。一切來得平衡與自然。此與扁鵲替人治病，把兩人的身體器官對換，企圖以此改變人的心志，形成強烈對比。

最後以寶劍復仇，說明以弱勝強的道理，又以違反常識的兩種事物：錕鋙之劍和火浣之布，來突破常情常理，否定定式思維作結。

殷湯問於夏革曰[1]：「古初有物乎？」夏革曰：「古初無物，今惡得物？後之人將謂今之無物，可乎？」殷湯曰：「然則物無先後乎？」夏革曰：「物之終始，初無極已。始或為終，終或為始，惡知其紀[2]？然自物之外，自事之先，朕所不知也[3]。」殷湯曰：「然則上下八方有極盡乎？」革曰：「不知也。」湯固問。革曰：「無則無極，有則有盡，朕何以知之？然無極之外復無無極，無盡之中復無無盡。無極復無無極，無盡復無無盡。朕以是知其無極無盡也，而不知其有極有盡也。」湯又問曰：「四海之外奚有？」革曰：「猶齊州也[4]。」湯曰：「汝奚以實之？」革曰：「朕東行至營[5]，人民猶是也。問營之東，復猶營也。西行至豳[6]，人民猶是也。問豳之西，復猶豳也。朕以是知四海、四荒、四極之不異是也[7]。故大小相含，無窮極也。含萬物者，亦如含天地；含萬物也故不窮，含天地也故無極。朕亦焉知天地之表不有大天地者乎？亦吾所不知也。然則天地亦物也，物有不足，故昔者女媧氏練五色石以補其闕；斷鼇之足以立四極。其後共工氏與顓頊爭為帝[8]，怒而觸不周之山[9]，折天柱，絕地維；故天傾西北，日月星辰就焉；地不滿東南，故百川水潦歸焉。」

湯又問：「物有巨細乎？有修短乎？有同異乎？」革曰：「渤海之東不知幾億萬里，有大壑焉，實惟無底之谷，其下無底，名曰歸墟[10]。八紘九野之水[11]，天漢之流，莫不注之，而無增無減焉。其中有五山焉：一曰岱輿，二曰員嶠[12]，三曰方壺，四曰瀛洲[13]，五曰蓬萊。其山高下周旋三萬里，其頂平處九千里。山之中間相去七萬里，以為鄰居焉。其上台觀皆金玉，其上禽獸皆純縞。珠玕之樹皆叢生[14]，華實皆有滋味，食之皆不老不死。所居之人皆仙聖之種，一日一夕飛相往來者，不可數焉。而五山之根無所連著，常隨潮波上下往還，不得蹔峙焉。仙聖毒之，訴之於帝。帝恐流於西極，失羣聖之居，乃命禺彊使巨鼇十五舉首而戴之[15]。迭為三番，六萬歲一交焉。五山始峙，而龍伯之國有大人[16]，舉足不盈數步而暨五山之所，一釣而連六鼇，合負而趣歸其國，灼其骨以數焉。於是岱輿、員嶠二山流於北極，沉於大海，仙聖之播遷者巨億計。帝憑怒，侵減龍伯之國使民陀，侵小龍伯之民使短。至伏羲、神農時，其國人猶數十丈。

「從中州以東四十萬里得僬僥國[17]。人長一尺五寸。東北極有人名曰諍[18]，人長九寸。荊之南有冥靈者[19]，以五百歲為春，五百歲為秋。上古有大椿者，以八千歲為春，八千歲為秋。朽壤之上有菌芝者，生於朝，死於晦。春夏之月有蠓蚋者，因雨而生，見陽而死。終髮北之北有溟海者[20]，天池也，有魚焉，其廣數千里，其長稱焉，其名為鯤。有鳥焉，其名為鵬，翼若垂天之雲，其體稱焉。世豈知有此物哉？大禹行而見之，伯益知而名之[21]，夷堅聞而志之[22]。

「江浦之間生麼蟲[23]，其名曰焦螟[24]，羣飛而集於蚊睫，弗相觸也。棲宿去來，蚊弗覺也。離朱子羽方晝拭眥揚眉而望之[25]，弗見其形；䚦俞、師曠方夜擿耳俛首而聽之[26]，弗聞其聲。唯黃帝與容成子居空峒之上[27]，同齋三月，心死形廢；徐以神視，塊然見之，若嵩山之阿；徐以氣聽，砰然聞之，若雷霆之聲。

「吳、楚之國有大木焉，其名為櫾[28]。碧樹而冬生[29]，實丹而味酸。食其皮汁，已憤厥之疾。齊州珍之[30]，渡淮而北而化為枳焉[31]。鸜鵒不踰濟[32]，貉踰汶則死矣[33]，地氣然也。雖然，形氣異也，性鈞已，無相易已。生皆全已，分皆足已。

吾何以識其巨細？何以識其修短？何以識其同異哉？」

注釋

1 **殷湯**：商朝的開國者。又稱成湯、湯武、天乙。姓子，名履，原為地方長官，管理軍事。夏朝末年，取代桀而稱帝，建立商朝。行仁政，受百姓愛戴。**夏革**：字子棘，湯武的大夫。2 **紀**：數之紀，記載之意。3 **朕**：秦之前，「我」的自稱為朕。後來，秦始皇取之而成為帝王的自稱。4 **齊州**：齊，中間的意思。齊州即是中州，而中州，即是中國之意。5 **營**：營州，古十二州之一，指今遼寧一帶。6 **豳**：古地名，即現在的陝西省邠州。7 **四海**：中國四鄰各族，指九夷，八狄，七戎，六蠻。**四荒**：中國的荒遠之地，指北面的觚竹，南面的北戶，西面的西王母，東面的日下。**四極**：四方極遠的地方，指東泰遠，西邠國，南濮鉛，北祝栗。8 **共工氏**：古代神話人物，與顓頊爭帝位，有頭觸不周山一事。**顓頊**：五帝之一，掌管北方的天帝。9 **不周之山**：在古籍上記載的大山，据說在崑崙山西北。10 **歸墟**：指眾水匯聚之處，為大海中無底之谷。11 **八紘**：八方極遠的地方，指整個世界。**九野**：指九天：鈞天（中央）、蒼天（東）、變天（東北）、玄天（北）、幽天（西北）、顥天（西）、朱天（西南）、炎天（南）、陽天（東南）。也就是天的中央和八方，合共九個面向。12 **岱輿、員嶠**：古代傳說中的山，有神仙居住。嶠，高山或山道。13 **方壺、瀛洲**：古代傳說中在海上出現的神山。[14]玕：即琅，像珠子的美石。[15]禺彊：分別指古代傳說中海神、風神和瘟神。有統御北海的海神禺彊；有支配北方的風神禺彊；有散播瘟疫的凶神。[16]龍伯之國：傳說所提及的大人國。[17]僬僥國：傳說所提及的矮人國。[18]諍人：傳說中身材矮小的人。諍與靖通，諍人即靖人。[19]荊：古代九州之一，即春秋時的楚國。冥靈：神話傳說中的樹木。[20]終髮：神話傳說中的國家。溟海：神話傳說中的大海。[21]伯益：古代嬴姓各族的祖先。相傳助禹治水有功，禹想把帝位讓予他，他卻避走。[22]夷堅：古代傳說中好蒐集怪異傳奇的人。[23]江浦：長江的水濱。麼蟲：細小的昆蟲。麼，細小。[24]焦螟：古代傳說中一種極細小的蟲。[25]離朱：亦作「離婁」。黃帝時代，視力極佳，百步之外看見秋毫之末。子羽：視力極好的人。拭眥（普：zì；粵：dzi^{6}）：擦拭眼睛。眥，眼角，眼眶。[26]䶏俞：聽覺非常敏銳的人。師曠：春秋時代晉平公的樂師，善彈七弦琴，雖然眼睛看不見，但對音律非常敏感。擿耳：搔耳朵。[27]容成子：即容成，黃帝的大臣，發明曆法。空峒：山名，即現在的甘肅平涼西。[28]櫾：即「柚」，常綠喬木，果實可供食用。[29]冬生：指冬天常青。[30]齊州：指中原地區。[31]枳：樹木名，屬灌木或小喬木，耐寒。[32]鸜鵒（普：qú yù；粵：kœy^{4} juk^{6}）：鳥名，即「八哥」。濟：濟水，水源在河南，流經山東出渤海。[33]貉：外形像狐，皮很珍貴。汶：汶水，水源在山

譯文

東，入黃河。

殷湯問夏革：「遠古初開有事物的嗎？」夏革回答說：「遠古初開如果沒有事物，現在怎麼會有事物呢？將來的人如果說我們現在沒有事物可以嗎？」殷湯又問：「那麼事物的出現沒有先後次序嗎？」夏革回答：「事物的開始和終結，最初由無極而來。開始或者就是終結，終結或者就是開始，怎知如何分辨呢？但是離開事物，在事情發生前又是怎樣的，我就不知道了。」

殷湯說：「那麼上下八方有極限和盡頭嗎？」夏革回答：「不知道。」殷湯堅執地又問，夏革回答說：「沒有就是無極限，有則有盡頭，我怎麼知道呢？但是在無極限之外，再沒有無極限；在無盡頭之中，再沒有無盡頭。無極限再沒有無極限；無盡頭再沒有無盡頭。於是我知道它無極限和無盡頭，而不知道它有極限和有盡頭。」殷湯又問：「四海以外，還有沒有呢？」

夏革說：「好像齊州一樣。」殷湯問：「你用什麼來證明呢？」夏革說：「我向東行至營州，人民像這裏的一樣。我問營州以東的情況，說也像營州一樣。我西行至豳州，人民像這裏的一樣。我問豳州以西的情況，說也像豳州一樣。我由是知道四海、四荒、四極都沒有差異。所以事物大小互相包含，沒有盡頭和極限。包含萬物，如同包含天地一樣；包含萬物所以沒有盡頭，包含天地所以無極限。我又怎麼知道天地之外沒有比天地更大的天地呢？這也是我所不知道的。但是天地也是事物，事物有不足之處，所以從前女媧氏燒煉五色石來修補天地的缺憾；斬斷巨龜之足來立起四極。後來共工氏與顓頊爭做帝王，發怒撞向不周山，折斷支撐天空的大柱，斷開了大地的四角；結果天空向西北方傾斜，日月星辰以此就位；大地向東南方下沉，百川流水向那裏匯合。」

殷湯又問：「事物有大小嗎？有長短嗎？有同異嗎？」夏革說：「渤海的東面不知幾億萬里的地方，有個大山谷，實際上是個無底的山谷，它下面沒有底，叫作『歸墟』。八方、九天的水流，天際銀河的水流，無不灌注在這裏，水流沒有增加也沒有減少。當中有五座大山：一叫岱輿，二叫員嶠，三叫方壺，四叫瀛洲，五叫蓬萊。每座山從上而下高三萬里，山頂平地之處九千里。山與山之間，相距七萬里，彼此相鄰。山上的樓台亭觀都用金玉建成，飛鳥走獸全部純白色。珠玉之樹聚集生長，花果全部滋味好吃，吃了長生不老。居住在此的都是仙聖一類的人，早上晚上，飛行往來的，不可勝數。但五座山的根基卻沒有繫縛着，經常隨着潮浪上下浮沉，不得片刻安靜。仙聖為之煩惱，於是告訴天帝。天帝唯恐這五座山流向西極，仙聖失去居住之所，便命令北方之神禺彊，派十五隻巨龜昂首抬起大山。分三組，六萬年交換負荷。這樣，五座大山才得以繼續聳立。但是，『龍伯之國』有個巨人，提起腳跟不用幾步就來到五座山前，一釣就繫縛着六隻巨龜，一併負在肩上回國去，燒灼牠們的龜板來占卜。於是岱輿和員嶠這兩座山便漂流到北極，沉沒在大海裏，仙聖流離遷徙的以億計。天帝大為震怒，逐漸削去『龍伯之國』的地方，令國窄小，又令龍伯國民的身材逐漸矮小。到了伏羲、神農的時代，國民還有數十丈高。

「由中原起向東四十萬里有個僬僥國。那兒的人長一尺五寸。東北方盡處的人叫諍，身長九寸。荊州以南有一冥靈樹，以五百歲為春季，五百歲為秋季。上古時候有大椿樹，以八千歲為春季，八千歲為秋季。朽木的土壤上長的野菌靈芝，早晨出生，黃昏死亡。春夏月份有蠛蠓和蚊蚋，下雨時出生，太陽出來就死亡。極北不毛之地的北面有溟海，叫天池的地方有一種魚，牠的寬度有數千里，長度與之相稱，名叫鯤。又有一種鳥，名叫鵬，翅膀像天上的雲，牠的身體也與之相若。世人怎樣知道有這些東西？大禹出行時看到牠們，伯益知道後就為牠們命名，夷堅聽聞後就記載下來。

「長江的水濱生長了一種細小的昆蟲，叫焦螟，成羣地飛聚在蚊子的眼睫毛上，彼此不接觸。棲息住宿，離去再來，蚊子都覺察不到。離朱和子羽白天拭擦眼睛，仔細觀察，看不見牠們的樣子；䚡俞和師曠，夜裏低下頭側耳傾聽，也聽不到牠們的聲響。唯有黃帝和容成子住在空峒山上，一起齋戒三月，心同死灰，形如枯木，徐徐以精神來察看，才可以看見牠們大大的身軀，好像嵩山的聳立；慢慢數着氣息來聽，聽到撞擊的響聲，好像雷霆的聲音。

「吳國和楚國有一種高大的樹木，叫柚。碧綠色的樹葉冬天生長，紅色的果實味酸。吃它的果皮和果汁，可以治癒鬱結氣喘。中原人珍惜它，渡過淮河移植到北方，它就變成了枳實。八哥不會飛過濟水，貉一渡過汶水就死，是地方水土令到牠們這樣。雖然事物的樣子氣質不同，但是性質均齊，不可替換，生長完備，特徵具足。我怎樣識別它們的大小呢？怎樣辨別它們的長短呢？怎樣辨別它們的同異呢？」

賞析與點評

藉殷湯和夏革的對話，介紹超乎想像的虛擬國度，包括國家邊界的距離，事物形體的大小、長短，事物性質的異同，又提及新奇的事物，飛鳥，走獸，植物，人民生活等多個方面，目的希望把人的視域盡量擴大，突破現在的國度和自身的思考，從而帶出天外有天、人上有人的視域。

太形、王屋二山[1]，方七百里，高萬仞，本在冀州之南[2]，河陽之北[3]。北山愚公者[4]，年且九十，面山而居。懲山北之塞[5]，出入之迂也[6]，聚室而謀，曰：「吾與汝畢力平險，指通豫南[7]，達於漢陰[8]，可乎？」雜然相許。其妻獻疑曰：「以君之力，曾不能損魁父之丘[9]，如太行、王屋何？且焉置土石？」雜曰：「投諸渤海之尾[10]，隱土之北[11]。」遂率子孫荷擔者三夫，叩石墾壤，箕畚運於渤海之尾。鄰人京城氏之孀妻有遺男[12]，始齔[13]，跳往助之。寒暑易節，始一反焉[14]。

河曲智叟笑而止之[15]，曰：「甚矣汝之不惠！以殘年餘力，曾不能毀山之一毛，其如土石何？」北山愚公長息曰：「汝心不固，固不可徹，曾不若孀妻弱子。雖我之死，有子存焉。子又生孫，孫又生子，子又有子，子又有孫：子子孫孫，無窮匱也；而山不加增，何苦而不平？」河曲智叟亡以應。

操蛇之神聞之[16]，懼其不已也，告之於帝。帝感其誠，命夸蛾氏二子[17]，負二山，一厝朔東[18]，一厝雍南[19]。自此，冀之南、漢之陰無隴斷焉[20]。

注釋

1太形：形，當作行，即指太行山。王屋：山名，在今山西陽城、垣曲之間。2冀州：九州之一，在河北、山西、河南的黃河以北和遼寧的遼河以西地區。3河陽：古縣名，在今河南孟縣西。4愚公：故事的主人公。名雖為愚，但在故事中表現得並不愚笨。5懲：苦於。6迂：迂曲，曲折。7指通：直通。豫南：豫州南邊，在今河南一帶。8漢陰：漢水之南。水源出自陝西西南，在武漢入長江。9魁父：小山丘。10渤海之尾：渤海的邊沿上。11隱土：九州之一，傳說中的地名。12京城氏：姓氏。13齔：兒童換牙，大概在六歲左右開始。14一反：一次往返。15智叟：虛構的人物。故事中的智慧老人，但名不副實。16操蛇之神：山神，能操控蛇的天神。17夸蛾氏：傳說中力大無窮的天神。18厝（普：cuò；粵：tsou3）：安置。朔：朔方，在山西北部、內蒙古自治區。19雍：雍州，九州之一，在山西、陝西一帶。20隴斷：山脈阻隔。

譯文

太行、王屋兩座大山，方圓七百里，高達萬仞，本來在冀州的南邊，河陽的北邊。北山有個叫愚公的，年紀將近九十歲，面向兩座山居住。苦於山北之路受阻，出入道路曲折迂迴，便召集全家謀求解決方案，他說：「我和你們全力移平山前的險阻，使道路直通豫州南邊，抵達漢水之南，可以嗎？」大家一致贊成。但他的妻子提出疑問說：「憑藉你的力氣，還不能挖平名叫魁父的小山丘，太行、王屋這兩座大山又如何呢？而且那些泥土石塊放到哪兒呢？」大家同聲地說：「把它們扔到渤海的邊沿，隱土的北面去。」於是，愚公便帶領兒孫和挑擔子的三人，破石塊，開墾土壤，用筲箕把土石運到渤海之邊陲。鄰居京城氏的寡婦，有個男孩子，剛換牙，也蹦蹦跳跳地跑去幫忙。從冬到夏，他們才能往返家裏一次。

河曲有個老人叫智叟，嘲笑並勸阻愚公說：「你真是聰明得過分了！憑你這點殘年餘力，還不能毀掉山的分毫，泥土石塊又怎樣處置呢？」北山愚公長歎說：「你的心不堅持，堅持得不徹底，你還不如那個寡婦和她的小兒子。雖則我死，還有我的兒子在！兒子生孫子，孫子又生兒子；兒子又有兒子，兒子又有孫子：子子孫孫，不會缺乏；而且山不會再增加了，還怕移不平它嗎？」河曲智叟無以回應。弄蛇的天神聽到了，害怕愚公不停移山，便去稟告天帝。天帝被愚公的誠意所感動，就命令夸娥氏的兩個兒子分別背走兩座大山，一座放在朔方的東邊，一座放在雍州的南邊。從此，冀州的南邊直到漢水的南邊，沒有了山脈的阻隔。

賞析與點評

愚公移山的故事喻意為，只要能堅持，有決心和恆心，事情總會有完成的一天。如果從道家的概念看，愚公移山是要打破空間及時間上的阻隔。移山是空間上的，山這麼大，這麼高，沒有可能移走；人生也沒有這麼長的時間去完成移山的任務。愚公率領子孫世世代代去做，是突破空間及時間的限制的做法。他的「愚」正是他的堅持和智慧。渺小的人力，突破時空的限制，在在源於頂天立地的人格。

大禹曰：「六合之間，四海之內，照之以日月，經之以星辰[1]，紀之以四時[2]，要之以太歲[3]。神靈所生，其物其形，或夭或壽，唯聖人能通其道。」夏革曰：「然則亦有不待神靈而生，不待陰陽而形，不待日月而明，不待殺戮而夭，不待將迎而壽[4]，不待五穀而食，不待繒纊而衣[5]，不待舟車而行。其道自然，非聖人之所通也。」

注釋

1 經：貫通。2 紀：記載。3 要之：總括。4 將迎：將養、保養。5 繒：絲織品的總稱。纊：棉絮。

譯文

大禹說：「天地四方之間，四海之內，以日月來照耀它，以星辰來貫穿它，以四時來記載它，以歲星的運行來總括它。神靈所產生的，各別的事物，各別的樣子，或早夭，或長壽，只有聖人才能通曉它們的規律。」夏革說：「但是也有毋需依靠神靈來產生的，毋需依靠陰陽來成形的，毋需依靠日月來明亮的，毋需依靠殺戮來夭亡的，毋需依靠保養來長壽的，毋需依靠五穀來養飼的，毋需依靠絮帛來做衣服的，毋需依靠車船來行走的，自然而然的規律，不是聖人所能通曉的。」

賞析與點評

藉大禹之口，說出看事物的某一方面，特別是儒家所說的聖人之道，要以日月、星辰、四時及太歲來掌握宇宙的規律。經由夏革說出看事物的另一面，否定儒家聖人之言，點出自然之道，不待假借。

禹之治水土也，迷而失塗[1]，謬之一國。濱北海之北，不知距齊州幾千萬里，其國名曰終北[2]，不知際畔之所齊限[3]。無風雨霜露，不生鳥獸、蟲魚、草木之類。四方悉平，周以喬陟[4]。當國之中有山，山名壺領[5]，狀若甔甀[6]。頂有口，狀若員環[7]，名曰滋穴。有水湧出，名曰神瀵[8]，臭過蘭椒[9]，味過醪醴[10]。一源分為四埒[11]，注於山下。經營一國[12]，亡不悉遍。

土氣和，亡札厲。人性婉而從物，不競不爭；柔心而弱骨，不驕不忌；長幼儕居[13]，不君不臣；男女雜游，不媒不聘；緣水而居，不耕不稼；土氣溫適，不織不衣；百年而死，不夭不病。其民孳阜亡數[14]，有喜樂，亡衰老哀苦。其俗好聲，相攜而迭謠[15]，終日不輟音。飢惓則飲神瀵，力志和平。過則醉，經旬乃醒。沐浴神瀵，膚色脂澤，香氣經旬乃歇。

周穆王北游過其國，三年忘歸。既反周室，慕其國，惝然自失[16]。不進酒肉，不召嬪御者，數月乃復。

管仲勉齊桓公因游遼口[17]，俱之其國。幾剋舉[18]，隰朋諫曰[19]：「君舍齊國之廣，人民之眾，山川之觀，殖物之阜，禮義之盛，章服之美[20]，妖靡盈庭[21]，忠良滿朝。肆咤則徒卒百萬[22]，視撝則諸侯從命[23]，亦奚羨於彼而棄齊國之社稷，從戎夷之國乎？此仲父之耄[24]，奈何從之？」桓公乃止，以隰朋之言告管仲。仲曰：「此固非朋之所及也。臣恐彼國之不可升之也。齊國之富奚戀？隰朋之言奚顧？」

注釋

1 塗：同「途」，道路。2 終北：傳說中的國名。3 齊限：終極，極限。4 周：環繞。喬：高大。陟：三山重疊叫陟。5 領：同「嶺」。6 甔甀（普：dān zhuì；粵：dam1 dzœy6）：瓦瓶。7 員環：圓環。員，通「圓」。8 神瀵（普：fèn；粵：fen3）：神奇泉水。瀵，指由地下噴出的泉水。9 臭：氣味。蘭椒：蘭草和花椒，為兩種香草。10 醪醴：香甜的美酒。11 埒：山上的水流。12 經營：規劃治理。13 儕居：共同居處。14 孳：繁殖。阜：盛多，豐富。15 迭謠：輪流歌唱。16 惝然自失：悵惘失意的樣子。17 管仲：

春秋初期政治思想家，曾事齊桓公。齊桓公：名小白，春秋時齊國君。遼口：傳說中的地名。18 剋：能夠、勝任之意。19 隰（普：xí；粵：dzap^{6}）朋：齊桓公的輔臣。20 章服：繡有日月、星辰、龍、蟒、鳥、獸等圖案的古代禮服。21 妖靡：指美女。22 肆咤：肆，任意。任意呼喝。23 視撝：即指揮。視，通「指」。撝，同「揮」。24 仲父：齊桓公尊管仲為「仲父」。耄：昏亂。

譯文

大禹治水，迷失了路，錯誤去到一個國家。該國靠近北海的北邊，距離中原不知道有幾千萬里，這個國家名叫終北，不知道邊界的界限。這裏沒有風雨霜露，不生長鳥獸、蟲魚、草木之類。四方都是平地，給高大、重疊的山峰圍繞。在國土的中央有一座山，名叫壺嶺，樣子像個瓦瓶。山頂有個洞口，樣子像個圓環，名叫滋穴。洞口有水湧出，名叫神瀵，氣味勝過蘭椒，味道勝過美酒。一個源泉分為四道水流，灌注到山下。規劃治理，流遍全國各處。

這裏氣候溫和，沒有瘟疫。國人性情委婉順從，沒有競逐，沒有爭鬥；性情溫柔，身體柔弱，不驕傲，不妒忌；長幼共同居住，不分君臣上下；男女雜遊，不需要媒妁，不必聘禮；臨水而居，不耕土地，不種莊稼；氣候溫和，不織布疋，不穿衣服；百年而死，不早夭，不生病。國民繁衍興盛，人口無數，只有喜悅安樂，沒有衰老愁苦。風俗愛好唱歌，手牽手輪流歌唱，歌聲終日不停。飢餓疲倦了就喝神瀵的泉水，力氣和心志得到平和。多喝就會醉倒，十多天才醒過來。用神瀵的泉水洗澡，膚色滋潤光滑，香氣十多天才消失。

周穆王在北方巡遊時經過這個國家，一住三年，流連忘返。回到周室以後，仍思慕這個國家，非常悵惘，若有所失。不吃酒肉，不親近嬪妃，幾個月後才能恢復。

管仲勸齊桓公趁着到遼口去時，一同到那個國家去。幾乎要起行了，隰朋勸阻說：「大王捨棄廣大的國土、眾多的人民、壯觀的山川、豐盛的物產、隆重的禮義、華美的服飾、盈庭的美人、滿朝的忠臣。任意呼喝就能喚來百萬兵卒，隨意指揮可使諸侯從命，又何以要羨慕他國而捨棄齊國的社稷，跟從蠻夷的國家去呢？仲父年老昏亂，怎麼能聽從他呢？」齊桓公不去了，把隰朋的話告訴管仲。管仲說：「這本來就不是隰朋所能了解的。我恐怕那個國家不可登上，否則齊國的富饒又有什麼值得留戀？隰朋的話又有什麼值得關注的呢？」

賞析與點評

中國乃中心國，與蠻夷的邊緣國比較，文化物產應該勝過許多。這個想法是中國國民的常識，可是大禹誤入終北國卻要打破這個想法。究竟自己的國家好些，還是他國較好呢？中心國強盛，還是邊緣國物阜呢？中原是否一定比蠻夷優勝呢？

南國之人祝髮而裸[1]，北國之人鞨巾而裘[2]，中國之人冠冕而裳。九土所資[3]，或農或商，或田或漁；如冬裘夏葛[4]，水舟陸車，默而得之，性而成之。越之東有輒木之國[5]，其長子生，則鮮而食之，謂之宜弟[6]。其大父死，負其大母而棄之，曰：「鬼妻不可以同居處。」楚之南有炎人之國[7]，其親戚死，朽其肉而棄之[8]，然後埋其骨，乃成為孝子。秦之西有儀渠之國者[9]，其親戚死，聚柴積而焚之。燻則煙上，謂之登遐[10]，然後成為孝子。此上以為政，下以為俗，而未足為異也。

注釋

1 祝髮：斷去頭髮。祝，斷去。2 鞨（普：hé；粵：hɔt³）巾：束髮的頭巾。3 九土：九州之土地。資：供給，提供資源。4 葛：葛衣，蠶絲織物。5 越：即越國。輒木之國：傳說中國名。6 鮮：年少。宜弟：多生兒子。7 炎人之國：傳說中的國家。8 朽：使其腐壞。9 儀渠：傳說中的古國名。10 登遐：升天而去，是死的諱稱。

譯文

南方人斷髮裸體；北方人布巾裹頭，身穿皮裘；中原人頭戴帽子，穿衣裙。九州土地擁有的資源，供人們或者務農，或者經商，或者狩獵，或者捕魚；好像冬天穿皮裘，夏天穿葛衣，渡海乘船，陸上坐車一樣，不學而會，依循本性而達成。

越國的東面有個國家叫輒木，長子出生，趁年少就吃了他，說往後會多生兒子。祖父死了，他們就把祖母背到野外然後離棄，說：「不能與鬼妻同住。」楚國的南邊有炎人之國，親戚死了，親人待屍體上的肉朽爛掉，然後埋葬骨骸，這樣才是孝子。秦國的西面有儀渠之國，親戚死了，親人聚積柴枝，焚燒屍體。燻煙上升，就叫登遐，這樣才是孝子。

執政者視這些為政事，民間視之為風俗，不足為怪。

賞析與點評

舉古代各國的文化風俗：生活穿衣，迷信殺子，喪葬孝親，與中原的文化風俗相比、對舉，可以擴大知識面，看到中原文化風俗的對立面。

均，天下之至理也，連於形物亦然[1]。均髮均縣，輕重而髮絕，髮不均也。均也，其絕也，莫絕。人以為不然，自有知其然者也。

詹何以獨繭絲為綸[2]，芒針為鉤[3]，荊篠為竿[4]，剖粒為餌，引盈車之魚於百仞之淵、汩流之中[5]，綸不絕，鉤不伸，竿不橈。楚王聞而異之，召問其故。詹何曰：「臣聞先大夫之言，蒲且子之弋也[6]，弱弓纖繳[7]，乘風振之，連雙鶬於青雲之際[8]。用心專，動手均也。臣因其事，放而學釣，五年始盡其道。當臣之臨河持竿，心無雜慮，唯魚之念；投綸沉鉤，手無輕重，物莫能亂。魚見臣之鉤餌，猶沉埃聚沫，吞之不疑。所以能以弱制強，以輕致重也。大王治國誠能若此，則天下可運於一握，將亦奚事哉？」楚王曰：「善。」

注釋

1 連於：屬於，相連。2 詹何：戰國時楚國哲學家，屬道家一派思想家，肯定楊朱的「為我」思想。綸：釣魚用的絲線。3 芒針：即針，針身纖細而長。4 荊篠：小竹條，上有刺。5 汩流：激流。6 蒲且子：楚國善於射鳥的人。弋：繫在箭上的細繩。7 繳：繫在箭上的絲繩。8 鶬（普：cāng；粵：tsɔŋ˥）：即「鶬鶊」，黃色羽毛，尾部黑色，鳴聲婉轉。

譯文

均衡，是天下的真理，有形的事物也可適用。同等份量的頭髮，同等力度懸掛，輕的重的東西也斷開，是頭髮不均衡的緣故。力度均稱，本來會斷開的不會斷開。人一般以為不是這樣，但自然有懂得這個道理的人。

詹何用一根蠶絲作為釣絲，用細小的芒針作為釣鉤，用小荊條作為釣竿，剖開飯粒作為魚餌，在百仞的深淵和激流之中，釣滿一車子的魚，釣絲不斷，魚鉤不會拉直，釣竿不彎。楚王聽説後感到很驚訝，召來詹何問箇中的原因。詹何説：「我聽先大夫所説，蒲且子的箭繫上細繩，弓弱繩小，乘風拉弦，一箭就在青天射下兩隻鶬鶊。因為用心專一，手力均勻。我就依着這件事，仿效他學習釣魚，五年才掌握其中的規律。當我在河上手持釣竿，心裏沒有雜念，只想着魚；投出釣絲，沉下魚鉤，手沒有力度輕重，外物不能擾亂。魚看見我的鉤餌，如同下沉的塵埃、聚攏的泡沫，就毫不懷疑地吞下。這就是能以弱勝強，以輕獲重的道理。大王治理國家如果也能像這樣的話，天下都可握於手中，還有什麼事情不能解決呢？」楚王説：「好！」

賞析與點評

道的規律是要人認識不取輕不取重的平衡律則。就好像釣魚或射鳥一樣，要用意專一，手無輕重，於是釣鉤和釣餌處於不輕不重的狀態，自然而然，就可以取得成功。

魯公扈、趙齊嬰二人有疾[1]，同請扁鵲求治[2]。扁鵲治之。既同愈，謂公扈、齊嬰曰：「汝曩之所疾，自外而干府藏者[3]，固藥石之所已。今有偕生之疾，與體偕長，今為汝攻之，何如？」二人曰：「願先聞其驗[4]。」扁鵲謂公扈曰：「汝志強而氣弱，故足於謀而寡於斷。齊嬰志弱而氣強，故少於慮而傷於專。若換汝之心，則均於善矣。」扁鵲遂飲二人毒酒[5]，迷死三日，剖胸探心，易而置之；投以神藥，既悟如初。

二人辭歸。於是公扈反齊嬰之室，而有其妻子，妻子弗識。齊嬰亦反公扈之室，有其妻子，妻子亦弗識。二室因相與訟，求辨於扁鵲。扁鵲辨其所由，訟乃已。

注釋

1 公扈、齊嬰：分別為魯國人與趙國人。2 扁鵲：戰國時著名的醫生，姓秦，名越人。能隨俗而變化醫術，聞名天下。3 府藏：腑臟。4 驗：症狀，徵兆。5 毒酒：指用作麻醉劑的藥酒。

譯文

魯國的公扈和趙國的齊嬰這兩個人有病，一起去求扁鵲治療。扁鵲醫治他們。病癒以後，扁鵲對公扈和齊嬰說：「你們先前得的疾病，是外界干擾腑臟所造成的，固然藥物可以治癒。但你們還有先天的疾病，同身體一同成長，現在替你們治療，怎麼樣？」公扈和齊嬰說：「想先聽你講一下這種病的症狀。」扁鵲對公扈說：

「你志強而氣弱，所以善於謀慮，但決斷不足。齊嬰則志弱而氣強，因此謀慮不足而過於專斷。如果把你倆的心對換一下，則可以取得平衡。」扁鵲於是就給他們兩人喝下藥酒，使他們昏迷三天，剖開胸膛，取出心臟置換；然後再用神藥，兩人醒來以後就像以前一樣。

兩人告辭回家。於是，公扈返回齊嬰的家裏，佔有他的妻子兒女，齊嬰的妻子兒女不認識他。齊嬰則返回公扈的家裏，佔有他的妻子兒女，公扈的妻子兒女也不認識他。兩家人因而爭辯起來，到扁鵲處請他辨別。扁鵲說明了事情的因由，兩家的爭辯才平息。

賞析與點評

這節的中心思想在於否定人為的平衡。扁鵲替人治病，更教人改變性格和處事的方式。扁鵲用人為的方式，把兩人的身體器官對換，企圖以此改變人的心志，其結果會是怎樣在故事中不得而知，可以想見，身體外貌沒有隨心志轉換而改變，這種非自然的手法自是不會得到好結果。

瓠巴鼓琴而鳥舞魚躍[1]。鄭師文聞之[2]，棄家從師襄游[3]。柱指鈎弦[4]，三年不成章。師襄曰：「子可以歸矣。」師文舍其琴，歎曰：「文非弦之不能鈎，非章之不能成。文所存者不在弦，所志者不在聲。內不得於心，外不應於器，故不敢發手而動弦。且小假之，以觀其後。」

無幾何，復見師襄。師襄曰：「子之琴何如？」師文曰：「得之矣。請嘗試之。」於是當春而叩商弦以召南呂[5]，涼風忽至，草木成實。及秋而叩角弦以激夾鍾[6]，溫風徐迴，草木發榮。當夏而叩羽弦以召黃鍾[7]，霜雪交下，川池暴沍[8]。及冬而叩徵弦以激蕤賓[9]，陽光熾烈，堅冰立散。將終，命宮而總四弦[10]，則景風翔[11]，慶雲浮，甘露降，醴泉湧[12]。

師襄乃撫心高蹈曰[13]：「微矣子之彈也！雖師曠之清角，鄒衍之吹律[14]，亡以加之。彼將挾琴執管而從子之後耳。」

注釋

[1]瓠巴：傳說中的樂師，擅長鼓琴。[2]師文：春秋時鄭國的樂師，擅長彈奏琴瑟。[3]師襄：春秋時魯國的樂官，擅長彈琴、擊磬。[4]柱指：確定音位。柱，繫着弦線的弦木，也叫弦枕，用以確定音位。鈎弦：調和琴弦。[5]商：五音之一，聲音悲涼哀怨，屬五行中的金音。召：召喚。這裏指撥弄琴弦，奏出某律的曲調。南呂：十二

律中的第十律，以南呂配八月份，相當於秋天，與商弦相配合。6 角：五音之一。屬木音，與春天相應。激：激發。這也與「召」相同，表示扣動琴弦，奏出某律的曲調。夾鍾：第四律，以二月份相配，與角弦相配合。7 羽：五音之一。屬水音，與冬天相應。黃鍾：第一律，以十一月份相配，與羽弦相配合。8 暴：突然。沍：冰凍。9 徵：五音之一。屬火音，與夏天相應。蕤賓：第七律，以五月份相配，與徵弦相配合。10 宮：五音之一。屬土音，與四季相應。指七聲為首的宮聲。11 景風：祥和之風。翔：迴旋而飛。12 澧泉：甘美的泉水。澧，通「醴」。13 撫：拍擊。高蹈：舉足頓地。形容驚喜。14 鄒衍：齊國人，戰國末期陰陽家的代表人物，善管樂。吹律：用管、笙、竽等簧管樂器吹樂律。

譯文

瓠巴彈琴，鳥在空中飛舞，魚兒在水裏跳躍。鄭國的樂師師文聽聞後，就離家跟隨師襄學習。他確定音位，調和琴弦，學了三年都奏不好曲子。師襄說：「你可以回去了！」師文丟下琴，歎氣說：「我並不是不會調和琴弦，也不是不能彈奏曲子。存在於我心的不在琴弦，心所嚮往的也不在聲音。內心掌握不了，形於外不能與樂器相應，所以不敢放手弄弦。請稍稍寬容一下，再觀察我以後的學習。」沒多久，師文又去拜見師襄。師襄說：「你的琴怎樣了？」師文回答：「已經懂得了，請讓我試一下。」於是，當春天來時，他扣動商弦，召喚南呂樂律，忽然秋風送爽，草木都結出了果子。秋天到來時，他扣動角弦，激起夾鐘樂律，溫暖的春風徐徐迴蕩，草木正繁忙地盛放。正當夏日，他扣動羽弦，召喚黃鐘樂律，霜雪交加，河水突然結冰。到了冬天，他扣動徵弦，奏出蕤賓樂律，陽光熾烈，堅冰融化。樂曲快要終結，他換了宮調來總括四弦，祥和之風翱翔，浮雲同賀，甘露從天而降，甜美泉水自地湧出。

師襄高興得拍手頓足，說：「你的彈奏太神妙了！即使是師曠彈奏的清角之曲，鄒衍吹出的樂律，也比不過你。他們將要挾着古琴拿着竹管來做你的學生了。」

賞析與點評

彈奏的最高境界是要內外一致。內心專注，手心相應，樂器自然發出調和的樂律來。這是由技進道的過程，掌握技術是基本的學習階段，內心與樂器打通阻隔，內心與自然融為一體，所演繹出來的音樂就是自然而然的大自然的聲音。

甘蠅[1]，古之善射者，彀弓而獸伏鳥下[2]。弟子名飛衛[3]，學射於甘蠅，而巧

過其師。

紀昌者[4]，又學射於飛衛。飛衛曰：「爾先學不瞬，而後可言射矣。」紀昌歸，偃臥其妻之機下[5]，以目承牽挺[6]。二年之後，雖錐末倒眥[7]，而不瞬也。以告飛衛。飛衛曰：「未也，必學視而後可。視小如大，視微如著，而後告我。」昌以氂懸虱於牖[8]，南面而望之。旬日之間，浸大也；三年之後，如車輪焉。以睹餘物，皆丘山也。乃以燕角之弧、朔蓬之簳射之[9]，貫虱之心，而懸不絕。以告飛衛。飛衛高蹈拊膺曰[10]：「汝得之矣！」

紀昌既盡衛之術，計天下之敵己者，一人而已，乃謀殺飛衛。相遇於野，二人交射，中路矢鋒相觸，墜於地，而塵不揚。飛衛之矢先窮，紀昌遺一矢。既發，飛衛以棘刺之矢扞之[11]，而無差焉。

於是二子泣而投弓，相拜於塗，請為父子。剋臂以誓[12]，不得告術於人。

注釋

1甘蠅：傳說中善於射箭的人。2彀弓：拉滿弓弦。3飛衛：傳說中的善射者。4紀昌：傳說中的善射者。5偃臥：仰面而臥。機：這裏指織布機。6牽挺：織布機踏板。7錐末：錐尖。眥：眼眶，眼角。8氂：牛尾的毛髮。9燕角之弧：用燕國出產的牛角做成的弓。朔蓬之簳：用楚國蓬草桿做成的箭。朔，應是「荊」。荊，楚國，出產良竹。蓬，蓬草，桿可做箭。簳，箭桿。10 膺：胸膛。11 棘刺：荊棘的尖刺。扞：防衞。12 剋臂：在臂上刻下印記。

譯文

甘蠅是古代的神箭手，拉滿弓弦，野獸就伏下，飛鳥就掉到地上。他的學生名叫飛衞，向甘蠅學習射箭，而技藝超過了老師。

紀昌向飛衞學習射箭。飛衞對他說：「你先要學會不眨眼睛，然後才談得上學習射箭。」紀昌回到家裏，就仰面躺在他妻子的織布機下，雙眼盯住織布機的踏板。兩年之後，即使鋒利的錐尖刺到眼眶，他都不眨眼。於是就去告訴飛衞。飛衞說：「還不行，你必須練好視力。當你能練到把極小的物體看得很大，將模糊的目標看得很清楚時，你再來告訴我。」紀昌用犛牛的毛髮把虱子掛於窗前，天天面朝南方定睛看着牠。十多天之間，虱子在眼中漸漸顯得大了起來；三年以後，竟顯得有車輪那麼大。再看其他東西，都如山丘一樣。他便用燕國牛角製造的弓，楚國蓬草桿製成的箭，朝虱子射去，穿透虱心，而犛牛的毛髮卻沒斷開。紀昌又跑去告訴飛衞。飛衞高興得跳起來，拍着胸膛說：「你已經懂得了！」

紀昌既學會了飛衞的箭術，計度天下能夠同自己相匹敵的，不過一人；就想殺害飛衞。兩人在野外相遇，就對射起來，箭頭在飛射途中觸碰墜地，卻不揚起灰塵。飛衞最早把箭用光，這時紀昌剩下的最後一箭已向飛衞發來，飛衞取身旁荊棘的尖端防衛，剛好把來箭擊落。二人棄弓大哭，就在路上互相禮拜，並結為父子，而且約誓自此之後，不把箭術授予他人。

賞析與點評

這節寫了幾位神箭手，甘蠅教飛衞箭術，飛衞則教紀昌。飛衞把獨門的箭術傳授紀昌。原來射箭最初不是學習拉弦發矢，而是訓練視力。當視力提高，射術自然得心應手。拉弓不是主要學習的技術，提高視力才最重要。最後，學習射箭的目的是什麼？制伏鳥獸，與人爭勝，還是殺人？當心意專一，掌握了箭術，最後棄弓大哭，學射的最後是棄射。射箭的最高境界莫過於此。

造父之師曰泰豆氏[1]。造父之始從習御也，執禮甚卑，泰豆三年不告。造父執禮愈謹，乃告之曰：「古詩言：『良弓之子，必先為箕；良冶之子[2]，必先為裘。』汝先觀吾趣[3]。趣如吾，然後六轡可持[4]，六馬可御[5]。」造父曰：「唯命所從。」泰豆乃立木為塗，僅可容足；計步而置，履之而行。趣走往還，無跌失也。

造父學之，三日盡其巧。泰豆歎曰：「子何其敏也？得之捷乎！凡所御者，亦如此也。曩汝之行，得之於足，應之於心。推於御也，齊輯乎轡銜之際[6]，而急緩乎唇吻之和；正度乎胸臆之中，而執節乎掌握之間。內得於中心，而外合於馬志，是故能進退履繩而旋曲中規矩[7]，取道致遠而氣力有餘，誠得其術也。「得之於銜，應之於轡；得之於轡，應之於手；得之於手，應之於心。則不以目視，不以策驅；心閒體正，六轡不亂，而二十四蹄所投無差[8]；迴旋進退，莫不中節[9]。然後輿輪之外可使無餘轍，馬蹄之外可使無餘地；未嘗覺山谷之險，原隰之夷[10]，視之一也。吾術窮矣，汝其識之！」

注釋

1泰豆氏：傳說中善於駕駛馬車的人。2良冶：善於熔煉鑄造金屬器具的人。3趣：趨，疾走。4六轡：轡，韁繩。古代一車四馬，每馬各有兩轡，於是一車共有八轡，但兩邊驂馬的內轡縛在車軾上，所以駕車者手中只持有六轡。5六馬：古代天子的馬車，一車六馬。6齊：協調。輯：原指車輿。這裏指駕車的馬匹。銜：勒馬的鐵片，又叫馬嚼。7履繩：意謂行直道。繩，直，正。旋曲中規矩：指車馬轉圜合乎法度。規矩，即規則、法度。8二十四蹄：以天子一車六馬計算，則有二十四蹄。9中節：合乎節度。10夷：平坦。

譯文

造父的老師叫泰豆氏。造父剛開始跟他學習駕馬車時，十分謙卑恭敬，三年過去了，泰豆卻不肯教他。於是造父更加謹慎謙恭地侍奉老師，泰豆才對造父說：「古詩說：『學造良弓之兒子，必定先學會編織簸箕；學習鑄冶的兒子，必定先學習製造皮裘。』你先觀察我是怎樣疾走的。等你跟我走得一樣了，然後就可以掌起六根轡繩，駕馭六匹駿馬了。」造父說：「我完全聽從您的吩咐。」泰豆豎立起木頭作為道路，每根木頭上僅夠容下一隻腳；又按每步的數量來安排木頭的間隔，然後踩在木頭上行走。只見他奔走往還，既不跌下來，也不走錯。

造父向他學習，三天就全部掌握了木頭上行走的技術。泰豆讚歎道：「你這麼聰明？很快學會！大凡駕馭車馬，道理也同這一樣。剛才你在木頭上行走，提足舉步，與心相應。推論到駕車上，就是用轡繩和馬嚼協調馬匹，在吆喝的輕重之中掌握行車速度的快慢；在自己的胸中把握正確的駕馭方式，而在手掌中掌握適當的節奏。在內得之於心，在外則同馬的意向相合。這樣，進退就像能行直道，迴轉合乎法度，就能走得遠而氣力有餘，這便是真正掌握了駕馭車馬的技術。

「懂得運用馬嚼，就能與轡繩相應；懂得調度轡繩，就能與手掌相應；懂得操縱，就能與心相應。如此就不必依靠眼睛看，不必驅策馬匹；心神閒靜，身體端正，六轡不亂，而二十四隻馬蹄落地沒有差池；迴旋進退，無不合於節奏。然後車輪以外，再無可以容下車轍的地方；馬蹄以外，再無可容下馬蹄的地方。不覺得高山深谷險要，也感受不到原野窪地平坦，視它們如一。我的技術就是這些了，你學習吧！」

賞析與點評

泰豆氏教造父駕駛馬車，先要造父誠心學習才把技術授予他。而所謂駕馭馬車的技術，不外乎控制轡繩和馬嚼，協調兩者的是基本技巧。進而掌握與馬心意合一的方法，由技術提升到心法，心神閒靜，身體端正，不用眼看，不用驅策，自然就可以操控。這三個層次，是由虛心開始，掌握基本技術，進而學習道的規律才算學有所成。

魏黑卵以暱嫌殺丘邴章[1]。丘邴章之子來丹謀報父之讎。丹氣甚猛，形甚露，計粒而食，順風而趨。雖怒，不能稱兵以報之。恥假力於人，誓手劍以屠黑卵。黑卵悍志絕眾，力抗百夫，筋骨皮肉，非人類也。延頸承刀，披胸受矢，鋩鍔摧屈[2]，而體無痕撻。負其材力，視來丹猶雛鷇也[3]。來丹之友申他曰[4]：「子怨黑卵至矣，黑卵之易子過矣[5]，將奚謀焉？」來丹垂涕曰：「願子為我謀。」申他曰：「吾聞衛孔周其祖得殷帝之寶劍[6]，一童子服之，卻三軍之衆[7]，奚不請焉？」

來丹遂適衛，見孔周，執僕御之禮[8]，請先納妻子[9]，後言所欲。孔周曰：「吾有三劍，唯子所擇；皆不能殺人，且先言其狀。一曰含光，視之不可見，運之不知有。其所觸也，泯然無際[10]，經物而物不覺。二曰承影，將旦昧爽之交，日夕昏明之際，北面而察之，淡淡焉若有物存[11]，莫識其狀。其所觸也，竊竊然有聲[12]，經物而物不疾也。三曰宵練，方晝則見影而不見光，方夜見光而不見形。其觸物也，騞然而過[13]，隨過隨合，覺疾而不血刃焉。此三寶者，傳之十三世矣，而無施於事。匣而藏之，未嘗啟封。」來丹曰：「雖然，吾必請其下者。」

孔周乃歸其妻子，與齋七日。晏陰之間[14]，跪而授其下劍，來丹再拜受之以歸。

來丹遂執劍從黑卵。時黑卵之醉偃於牖下，自頸至腰三斬之。黑卵不覺。來丹以黑卵之死，趣而退。遇黑卵之子於門，擊之三下，如投虛[15]。黑卵之子方笑曰：「汝何蚩而三招予[16]？」來丹知劍之不能殺人也，歎而歸。黑卵既醒，怒其妻曰：「醉而露我，使我嗌疾而腰急[17]。」其子曰：「疇昔來丹之來[18]，遇我於門，三招我，亦使我體疾而支彊[19]，彼其厭我哉[20]！」

注釋

1 黑卵、丘邴章：傳說中春秋時代的人。黑卵力大，與丘邴章的瘦弱成為鮮明對比。2 暱嫌：私恨。2 鋌鍔摧屈：刀箭的尖鋒摧折彎曲。鋌：刀劍的尖端。鍔：刀刃。兩者都是指刀劍等銳利的部分。3 雛鷇：剛孵化出生的幼小禽鳥。4 申他：傳說中春秋時代的人。5 易：輕慢。6 孔周：傳說中春秋時代的衞國人。7 三軍：軍隊的統稱。周時，分上、中、下三軍。以中軍最尊，上軍次之，下軍又次之。8 僕御之禮：駕車馬的僕役所遵行的禮節。9 納：扣押。10 泯然：遼闊的樣子。11 淡淡焉：隱隱約約的樣子。12 竊竊然：聲音輕微細碎。13 騞然：破裂的聲響。14 晏陰之間：指半晴半陰之間。15 投虛：投進虛空裏。16 蚩：通「嗤」，譏笑。17 嗌疾：咽喉痛。腰急：腰部劇痛。18 疇昔：日前，以前。19 支彊：四肢僵硬。支，同「肢」。彊，通「僵」，僵直。20 厭：引手，即伸手。

譯文

魏黑卵以私恨殺死了丘邴章。丘邴章的兒子來丹想替父報仇。來丹的火氣剛猛，但身體卻很是瘦弱，數飯粒來吃飯，順風勢來快步走；雖然有怒火，但無力興兵來報仇。他又恥於假手於人，發誓要親手用劍殺死黑卵。黑卵兇悍超羣，可以一人力抗百人，他的筋骨皮肉，和常人不同。引頸讓刀砍，袒胸讓箭射，刀箭的鋒刃都折斷彎曲，而他的身體卻沒有傷痕。黑卵恃着自己的勇力，把來丹看成是隻剛出生的小鳥。來丹的朋友申他說：「你極其仇恨黑卵，而黑卵太輕視你了！你打算怎麼辦呢？」來丹流淚說：「希望你替我計劃一下。」申他說：「我聽說衛國人孔周的祖先得到商帝的寶劍，一個小孩子佩戴它就會退卻三軍眾人，你為什麼不去請求呢？」

來丹於是來到衛國，拜見孔周，對孔周行了僕御的禮節，並請先扣押自己的妻子兒女，然後說出自己的請求。孔周說：「我有三把寶劍，聽任你選擇一把；但這三把寶劍都不能殺人，且讓我先說說它們的樣子。第一把劍叫含光，看不見它的形狀，運用時不知到它的存在。劍所觸發之處，遼闊沒有邊際，經過物體而物體感覺不到。第二把劍名叫承影，在早晨天色將亮未亮之時，當黃昏光線半明半暗之際，向北面察看它，隱隱約約看似有東西存在，但不能識別它的形狀。劍所觸及之處，只發出輕微的聲音，經過物體而物體不會痛苦。第三把劍名叫宵練，白天時只見它的影子，不見它的亮光；夜裏只見它的亮光，不見它的影子。劍所觸及之處，破裂一聲而過，劍鋒隨過，傷口隨合，雖感到疼痛，但刀刃不沾血。這三把寶劍，相傳十三代了，從沒有使用過它。藏在匣子裏，從來沒有開封。」來丹說：「雖然這樣，我還是一定要求用下等的那一把。」

孔周便歸還了來丹的妻子兒女，又與他齋戒七天。然後當天色半明半暗時，孔周跪下傳授下等寶劍，來丹再拜，接劍而歸。

於是，來丹就拿寶劍跟蹤黑卵，趁黑卵酒醉醉臥在窗下時，將他從頭頸到腰部連斬三下。黑卵毫無知覺，來丹以為黑卵已經死了，急促退下。在門外碰見黑卵的兒子，來丹連斬他三下，像投進虛空裏。黑卵的兒子笑着說：「你為什麼戲弄我，向我揮動了三下？」來丹聽了，知道這種寶劍不能殺人，歎着氣回去了。黑卵醒來，遷怒妻子說：「我醉酒你讓我睡在露天，害得我喉嚨疼，腰劇痛。」他兒子說：「剛才來丹到過這裏，在門外遇上我，向我揮動了三下，也使得我身體疼痛，四肢僵直。他向着我伸手！」

賞析與點評

以弱勝強的一個故事。黑卵力大，身體天生與常人異，看似無法傷害，世上原來有寶劍可以克制，而寶劍其實並不堅硬。來丹之子瘦弱無力，竟可藉寶劍傷黑卵於無形。弱勝強，有形敗於無形，是突破定式思維，否定二元相對性的應世思想。

周穆王大征西戎[1]，西戎獻錕鋙之劍[2]，火浣之布[3]。其劍長尺有咫[4]，練鋼

赤刃[5]，用之切玉如切泥焉。火浣之布，浣之必投於火；布則火色，垢則布色；出火而振之，皓然疑乎雪。

皇子以為無此物，傳之者妄。蕭叔曰：「皇子果於自信[6]，果於誣理哉[7]！」

注釋

1 西戎：古代西北戎族的總稱。2 錕鋙：古劍名，用昆吾石鑄造的劍。3 火浣之布：石棉纖維布，耐燃。4 咫：古代長度單位，周制八寸，合今制市尺六寸二分二厘。5 練鋼：指純鋼。練，去除雜質。赤刃：鋒利的刀刃。6 果：果敢決斷。7 誣理：不信客觀事理。誣，作動詞用，不相信。

譯文

周穆王大舉西征戎族，戎族人進貢錕鋙之劍和火浣之布。錕鋙劍長一尺八寸，純鋼鑄造，劍刃赤紅，用它來切玉石，如同削泥。火浣之布，清洗時必須投進火中；布燒成火紅色，而污垢則呈現布色；從火中取出後抖一抖，皓然生光，竟像白雪一般潔淨。

皇太子認為世界上不可能有這些東西，傳說的人一定是胡說。蕭叔說：「皇太子也果敢自信，果敢不相信客觀事理啦！」

賞析與點評

錕鋙之劍用昆吾之石鑄造，竟能切割玉石如同削泥。火浣之布竟然可以用火來洗清布上的污垢。這兩種事物的物理狀態與常識相反，是中原人無法理解卻又存在的事物。

力命篇

本篇導讀——

這篇叫「力命」，一開始就以力和命的故事闡述人為和命限的關係，力指人力，人為；而命指命限，命數。後者不可以改易，是必然的事理。對於列子或者道家，命限與自然是一事之兩面。同一件事情，從負面不可更易的角度看是命限，從正面自然而然的角度看是自然。道家所說的自然並非大自然，自然是自己之所以然，自己本來的樣子，簡單說就是原來的自己。本篇從不同的層面，把人生的命限總結出來。

首先由力與命的對話，帶出壽夭、窮達、貴賤及富貧的命限；然後是北宮子及西門子比較個人的自身條件及人事際遇，指出超越自身有限的條件來處世的方法；鄧析與子產的轇轕，帶出在後天行事上，事情的後果也因勢利導，結果也是自然而致。本篇往後所提及的生死、疾病、人性的種種缺點、成功與失敗的關鍵，以致士、農、工、商社會的階層，無不依循人事的命限而存在，而這個命限本身，就是自然的律則，也就是道。

力謂命曰：「若之功奚若我哉？」命曰：「汝奚功於物而欲比朕？」力曰：「壽夭、窮達、貴賤、貧富，我力之所能也。」命曰：「彭祖之智不出堯、舜之上[1]，而壽八百；顏淵之才不出眾人之下，而壽四八。仲尼之德不出諸侯之下，而困於陳、蔡[2]；殷紂之行不出三仁之上[3]，而居君位。季札無爵於吳[4]，田恆專有齊國[5]。夷、齊餓死首陽[6]，季氏富於展禽[7]。若是汝力之所能，奈何壽彼而夭此，窮聖而達逆，賤賢而貴愚，貧善而富惡邪？」力曰：「若如若言，我固無功於物，而物若此邪，此則若之所制邪？」命曰：「既謂之命，奈何有制之者邪？朕直而推之，曲而任之。自壽自夭，自窮自達，自貴自賤，自富自貧，朕豈能識之哉？朕豈能識之哉？」

注釋

1 彭祖：傳説中善養生的人，活到八百歲。2 困於陳、蔡：陳，古國名，在今河南淮陽和安徽亳縣一帶。蔡，古國名，在今河南新蔡。魯哀公四年（公元前四九一年），孔子在陳國和蔡國之間遊歷。兩國竟派兵把孔子圍困在荒野，多天沒糧食。3 三仁：指殷末年的三位仁者：微子、箕子、比干。4 **季札**：周朝吳國的第四子。有才華，而且仁義雙全有遠見，卻不戀棧權位。5 **田恆**：又稱田常，即田成子，齊國人。襲父位輔政，後與闞止任齊國左右相。幾年後，發動政變殺死齊簡公發配闞止，獨攬齊國政權。6 **夷、齊**：即伯夷、叔齊，是商朝孤竹國孤竹君的兩個兒子。夷、齊分別是二人的謚號。孤竹君死後，傳位弟弟叔齊，叔齊以長兄為大，讓位伯夷，但伯夷不敢抗父命，兩人先後出走謙讓王位。後來二人反對周武王伐紂，逃避到首陽山，恥食周粟而死。7 **季氏**：即季孫氏，春秋戰國時魯國三大家族之中勢力最大的貴族。**展禽**：人稱柳下惠，春秋時魯國士師，掌管刑法。

譯文

力對命說：「你的功勞怎能像我的呢？」命說：「你對事物有何功勞，而和我相比？」力回答：「長壽或早夭，窮困或顯達，尊貴或低下，貧窮或富貴，這些都是我能做到的。」命說：「彭祖的智慧不在堯、舜之上，卻活到八百歲；顏淵的才能不在眾人之下，卻只活了四十八歲。孔子的仁德不在諸侯之下，但在陳國和蔡國之間被圍困；殷朝紂王的品行不在微子、箕子和比干之上，卻當了國君。季札在吳國沒有爵位；田恆獨佔齊國。伯夷和叔齊在首陽山餓死，季孫氏比展禽富有。如果是你的能力所及，為什麼那個長壽而這個早亡，聖人窮困而忤逆的人顯達，賢人低下而愚人尊貴，善良的人貧窮而邪惡的人富有呢？」力說：「如果像你所說的，我固然對事物沒任何功勞；但事物如果這樣，難道是你所制定的嗎？」命說：「既然叫作命運，又有什麼可制定的呢？我合理的推崇，不合理的聽任它。自己長壽自己早夭，自己窮困自己顯達，自己尊貴自己低下，自己富有自己貧窮，我怎能了解呢？我怎能了解呢？」

賞析與點評

舉命限、環境、地位和貨財四個人存在的要素，以聖賢、惡人、名君的事跡，說明所有這些都是自然而生，是自己之所以然，非關人力與命限造成。

北宮子謂西門子曰[1]：「朕與子並世也，而人子達[2]；並族也，而人子敬；並貌也，而人子愛；並言也，而人子庸[3]；並行也，而人子誠；並仕也，而人子貴；並農也，而人子富；並商也，而人子利。朕衣則裋褐[4]，食則粢糲[5]，居則蓬室，出則徒行。子衣則文錦，食則粱肉，居則連欐[6]，出則結駟[7]。在家熙然有棄朕之心[8]，在朝諤然有敖朕之色[9]。請謁不相及，遨遊不同行，固有年矣。子自以

德過朕邪？」西門子曰：「予無以知其實。汝造事而窮，予造事而達，此厚薄之驗歟？而皆謂與予並，汝之顏厚矣。」北宮子無以應，自失而歸。中塗遇東郭先生。先生曰：「汝奚往而反，偊偊而步[10]，有深愧之色邪？」

北宮子言其狀。東郭先生曰：「吾將舍汝之愧[11]，與汝更之西門氏而問之。」曰：「汝奚辱北宮子之深乎？固且言之。」西門子曰：「北宮子言世族、年貌、言行與予並，而賤貴、貧富與予異。予語之曰：予無以知其實。汝造事而窮，予造事而達，此將厚薄之驗歟？而皆謂與予並，汝之顏厚矣。」東郭先生曰：「汝之言厚薄，不過言才德之差，吾之言厚薄異於是矣。夫北宮子厚於德，薄於命；汝厚於命，薄於德。汝之達，非智得也；北宮子之窮，非愚失也。皆天也，非人也。而汝以命厚自矜，北宮子以德厚自愧，皆不識夫固然之理矣。」西門子曰：「先生止矣！予不敢復言。」

北宮子既歸，衣其裋褐，有狐貉之溫[12]；進其茙菽[13]，有稻粱之味；庇其蓬室，若廣廈之蔭；乘其篳輅[14]，若文軒之飾。終身逌然[15]，不知榮辱之在彼也，在我也。東郭先生聞之曰：「北宮子之寐久矣，一言而能寤，易怛也哉！」

注釋　1北宮子：齊國勇士，即北宮黝。西門子：傳説中的人物。2並世：並列於同一時代，即同輩。人子達：即人達子，賓語前置，下同。達，顯要之意。3 庸：用。依上下文，指用他的說話，相信他的說話。4 裋褐：粗陋布衣，古代多為下人所穿。5 粢糲：指粗劣的飯食。粢，穀物。糲，粗糙的米。6 連欐：房屋高廣連綿。欐，屋樑。7 結駟：一車四馬拉引。8 熙然：和樂的樣子。棄：忘記。9 諤然：直言無諱的樣子。敖：同「傲」，傲慢。10 偊偊：同「踽踽」，獨個兒走路的樣子。11 舍：通「釋」，消除。12 貉：指用貉皮製造的衣服。13 茙菽：大豆。14 篳輅：也作「篳路」，指柴車。15 逌然：閒適自得的樣子。

譯文

北宮子對西門子說：「我與你同輩，但別人以你為顯要；我與你同族，但別人尊敬你；我與你容貌相若，但別人喜愛你；我跟你說相同的話語，但別人接納你的話；我與你操守相同，但別人對你誠懇；我與你一起當官，但別人以你為尊貴；我與你一起務農，但別人使你富裕；我與你一起經商，但別人有益於你。我穿的是粗布衣裳，吃的是粗糙米飯，住的是蓬門貧居，外出只靠徒步。你穿的是華麗衣服，吃的是美食佳餚，住的是高樑大屋，外出乘駟馬專車。在家怡然安樂，有捨棄我的意思；在朝廷你直言無諱，有對我傲慢的神氣。相拜見不往來，奔走周旋不同行，已經有好些年了！你以為自己的才德比我好嗎？」西門子說：「我不知道實情。你遇事多困境阻厄，我遇事多順利通達，這是才德好不好的結果吧？而你卻說自己與我相同，你的臉皮也太厚了吧！」北宮子無法回應，失落地回家去。途中遇見東郭先生。東郭先生問：「你從哪裏回來現在又去哪裏呢？為什麼獨個兒走路，臉帶羞愧的神色呢？」

北宮子就把剛才的事情告訴他。東郭先生聽了說：「我要洗去你的羞愧，與你再到西門子家去。」東郭先生問西門子：「你為什麼把北宮子羞辱得這麼厲害呢？姑且說一下。」西門子說：「北宮子說他的輩份、家族、年齡、容貌、言行都與我相若，但賤貴、貧富卻與我不同。我跟他說：我不知道實情。你遇事窮困，我遇事通達，這是才德好不好的結果吧？而你卻說自己與我相同，你的臉皮也太厚了吧。」東郭先生說：「你說的好不好不過是說才德上的差別，我所說的好不好就和你說的不同。北宮子德行好，但命數不好；你命數好，但德行不好。你的顯達，不是從智慧而來；北宮子的窮困，不是從愚昧帶來，是天意，不是人為。但你卻以命數好而自豪，北宮子以德行好而自愧，你們都不懂得自然的道理。」西門子說：「先生不要說了！我不再說這樣的話了。」

北宮子回家以後，穿粗衣布裳，卻有貉皮衣的溫暖；吃大豆，卻有稻米細糧一般的味道；住在他的茅屋之下，卻彷彿得到高樓大廈的蔭庇；乘坐柴車，卻好像坐上華麗的車子。終生怡然自得，不懂得榮耀和恥辱在別人，還是在自己這邊。東郭先生得知，說：「北宮子睡了很久，一語就令他醒過來，不再憂傷！」

賞析與點評

西門子與北宮子的故事，帶出道家不取榮耀，不取恥辱的立場。西門子以自己為榮，而北宮子以自己為辱，為榮為辱都不是自然之道。自然之道即是自然而然，非關天意，也非人為，無所為而為。北宮子最後明白自然之道，雖然貧窮，但是他以貧窮為富有，不去分別榮辱，得自然之道。

鄧析操兩可之說[1]，設無窮之辭[2]，當子產執政[3]，作《竹刑》[4]。鄭國用之，數難子產之治[5]。子產屈之[6]。子產執而戮之[7]，俄而誅之。然則子產非能用《竹刑》，不得不用；鄧析非能屈子產，不得不屈；子產非能誅鄧析，不得不誅也。

注釋

1 鄧析：春秋時鄭國思想家，與老子、孔子同時，是名家的鼻祖。最著明的是他的兩可之說，認為對亦是，錯亦是。對兩方的立場各表示贊成，稱為兩可說。2 無窮之辭：不着邊際的言說，空談沒有意義的辭令。3 子產：春秋時鄭國大夫。曾任鄭簡公的卿。孔子讚他行為恭敬，做事敬謹，嘉惠百姓，教民以義，有仁德的政績。4《竹刑》：刻寫在竹簡上的刑書。5 數：屢次。難：為難，詰難。6 屈：委屈。7 戮：羞辱。

譯文

鄧析主張模棱兩可的學說，定立不着邊際的言辭，子產執政時，制訂了《竹刑》。鄭國採用了《竹刑》，幾次難為子產的管治。子產受了委屈，就拘押鄧析加以羞辱，不久把他殺了。

但是子產並非要採用《竹刑》，而是不得不採用；鄧析並非要讓子產委屈，而是不得不讓子產委屈；子產並非要殺鄧析，而是不得不殺死他。

賞析與點評

按《左傳》所說，鄧析並非子產所殺，鄧析在子產死後二十年被駟顓所殺。無論如何，子產與鄧析的故事，最能引人思考的，並非鄧析的兩可之說，更非子產受委屈一事。這節要透露的信息是「不得不Ｘ」的表述方式，意含事情發展的必然趨向，是事情發展的因果連鎖，那就是自然而然的規律。

可以生而生，天福也；可以死而死，天福也。可以生而不生，天罰也；可以死而不死，天罰也。可以生，可以死，得生得死，有矣；不可以生，不可以死，或死或生，有矣。

然而生生死死，非物非我，皆命也，智之所無奈何。故曰，窈然無際[1]，天道自會，漠然無分[2]，天道自運。天地不能犯，聖智不能干，鬼魅不能欺。自然者默之成之，平之寧之，將之迎之。

注釋

1 窈然無際：深遠和幽深的樣子，沒有邊際。2 漠然無分：寂靜無聲，沒有分別。

譯文

可以生存而生存，是天所賜的福氣；可以死亡而死亡，也是天所賜的福氣。可以生存而不能生存，是天的懲罰；可以死亡而不能死亡，也是天的懲罰。可以生存，可以死亡，得以生存，得以死亡，這是有的；不可以生存，不可以死亡，或是生存或是死亡，這是有的。

但是生生死死，非關外物，非關自己，全都是命數，智慧對它無可奈何。所以說，深遠沒有邊際，天道自然會合；寂靜無聲，天道自然運行。不能違反天地的規律，不能干擾聖智，不能欺騙鬼魅。自然規律，默然成就，平和安寧，送往迎來。

賞析與點評

生存與死亡都是命數，可以生，可以死，可以不生，可以不死，是福是禍，通通不關涉自己，不關涉他人。這節最後部分用了不少篇幅正面描述道的特點，那就是安寧無聲，自然而然。

楊朱之友曰季梁。季梁得疾，七日大漸[1]。其子環而泣之，請醫。季梁謂楊朱曰：「吾子不肖如此之甚，汝奚不為我歌以曉之？」楊朱歌曰：「天其弗識[2]，人胡能覺？匪祐自天，弗孽由人。我乎汝乎！其弗知乎！醫乎巫乎！其知之乎？」其子弗曉，終謁三醫[3]。一曰矯氏，二曰俞氏，三曰盧氏，診其所疾。矯氏謂季梁曰：「汝寒溫不節，虛實失度[4]，病由飢飽色欲。精慮煩散，非天非鬼。雖漸，可攻也。」季梁曰：「眾醫也[5]，亟屏之[6]！」俞氏曰：「女始則胎氣不足，乳湩有餘。病非一朝一夕之故，其所由來漸矣，弗可已也。」季梁曰：「良醫也，且食之！」盧氏曰：「汝疾不由天，亦不由人，亦不由鬼。稟生受形，既有制之者矣，亦有知之者矣，藥石其如汝何？」季梁曰：「神醫也，重貺遣之[7]！」俄而季梁之疾自瘳[8]。

注釋

1 漸：加劇，特別指病況。2 其：語助詞，加強語氣，無義。3 終：到了最後。4 虛實：中醫醫理術語。虛實是兩種身體狀態：虛指正氣不足，實指邪氣過盛。正氣不足則要補，而邪氣過盛則要瀉。5 眾醫：一般水平的醫生。6 屏：通摒，去除，放棄。7 貺：贈送禮物。8 瘳：病癒。

譯文

楊朱的朋友名季梁。季梁得病，七天後病情加劇。他的兒子圍着他哭泣，請求找醫生。季梁對楊朱說：「我的兒子實在太不成材，你怎麼不為我歌唱來令他們明白呢？」楊朱便唱道：「天不知道，人怎能察覺？福氣非出於天，罪孽非出於人。是我是你，不知道！是醫生是巫師，誰知道嗎？」兒子不解歌中意，到了最後請來三位醫生，一位矯氏，一位俞氏，一位盧氏，診斷病情。矯氏對季梁說：「你寒溫不能調節，虛實失衡，病因在於飢飽色欲。精慮煩散，非出於天，非出於鬼。雖然病勢加重，但可治療的。」季梁說：「庸醫呀，馬上摒棄他！」俞氏說：「你生下來就胎氣不足，乳汁有餘。這種病並非一朝一夕所致，它是逐漸形成的，不可以治癒。」季梁說：「良醫啊，姑且給他吃的！」盧氏說：「你生病不由天，不由人，也不由鬼。稟受生命和形體，既有管制它的，也有知曉它的，藥石對你有什麼用呢？」季梁說：「神醫呀，送他厚禮！」不久之後，季梁的疾病自行痊癒了。

賞析與點評

藉季梁得病的故事，表述道的規律，以三位醫生來代表三種思想層次：矯氏指出病因是由後天因素造成；俞氏以為疾病是由先天的因素造成；盧氏則認為病不是先天，也不是後天所造成，那是自然而然的現象，是生命及形體的自然變化，外加藥石根本沒有用。這樣，病是會自己痊癒的。

生非貴之所能存，身非愛之所能厚；生亦非賤之所能夭，身亦非輕之所能薄。故貴之或不生，賤之或不死；愛之或不厚，輕之或不薄。此似反也，非反也；此自生自死，自厚自薄。或貴之而生，或賤之而死；或愛之而厚，或輕之而薄。此似順也，非順也；此亦自生自死，自厚自薄。鬻熊語文王曰：「自長非所增，自短非所損。算之所亡若何[1]？」老聃語關尹曰[2]：「天之所惡，孰知其故？」言迎天意[3]，揣利害，不如其已。

注釋

1 算：計算，推測。2 老聃：老子。周朝史官，所傳《老子》（又名《道德經》）是道家學説代表作。關尹：周朝函谷關守關吏。3迎：忤逆。

譯文

生命並不因重視它才會存在，身體並不因愛護它才會強壯；生命也並不因鄙視它才會夭折，身體也並不因輕視它才會瘦弱。所以重視它或不會存在，鄙視它或不會死去；愛護它或不會強壯，輕視它或不會瘦弱。這似乎違反常理，其實沒有違反；這是自然生存，自然死亡，自然強壯，自然瘦弱的意思。或者因重視它而生存，或者因鄙視它而死去；或者因愛護它而強壯，或者因輕視它而瘦弱。這似乎合乎常理，其實不一定。這也是自然存在，自然死亡，自然強壯，自然瘦弱的意思。鬻熊對周文王說：「自己增長並非由他所增加；自己減少並非由他所減損。為什麼不可計算呢？」老聃對關尹說：「知道天所厭惡的東西嗎？」就是忤逆天意，揣摸利害！不如停止吧。

賞析與點評

這節提出了自然之道的掌握方式。就以生命作為例子，生命不會因為重視它，它才會存在；生命也不會因為重視它，它才不會存在。

也就是說，生命不會因為重視它，而存在或不存在。而且，重不重視生命，也並非決定生命存在或不存在的因素。由此推論生命的存在是本然的存在，是自己存在，其他因素不可能決定生命的存在。

楊布問曰[1]：「有人於此，年兄弟也[2]，言兄弟也，才兄弟也，貌兄弟也；而壽夭父子也[3]，貴賤父子也，名譽父子也，愛憎父子也。吾惑之。」楊子曰：「古之人有言，吾嘗識之，將以告若。『不知所以然而然，命也。』今昏昏昧昧，紛紛若若[4]，隨所為，隨所不為。日去日來，孰能知其故？皆命也夫。信命者，亡壽夭；信理者，亡是非；信心者，亡逆順；信性者，亡安危。則謂之都亡所信，都亡所不信。真矣慤矣[5]，奚去奚就？奚哀奚樂？奚為奚不為？黃帝之書云：『至人居若死，動若械[6]。』亦不知所以居，亦不知所以不居；亦不知所以動，亦不知所以不動。亦不以眾人之觀易其情貌，亦不謂眾人之不觀不易其情貌。獨往獨來，獨出獨入，孰能礙之？」

注釋

1 楊布：戰國時魏國人，是楊朱之弟，思想相近，重視貴己。2 年兄弟也：年，指年紀。兄弟，比喻兩者相當。3 父子：比喻差別懸殊。4 紛紛若若：雜亂的樣子。5 慤：

誠實，謹慎。6 械：指機械，器具。

譯文

楊布問道：「這裏有些人，他們年紀差不多，說話差不多，才幹差不多，外貌差不多；而他們的壽夭差別很大，貴賤差別很大，名譽差別很大，愛憎差別很大。我感到迷惑不解。」楊朱說：「古人有句話，我曾經記下來，告訴你吧。『不知為什麼會這樣而這樣叫命。』如今萬物昏暗愚昧，雜亂非常，依從所做的，依從所不做的。日復一日，不知道箇中的原因叫命！相信命數的，沒有長壽早夭；相信真理的，沒有是非；相信內心的，沒有逆順；相信天性的，沒有安危。這叫作都沒有所信，都沒有所不信。真誠點，誠實點吧。為什麼去職？為什麼就任？為什麼悲哀？為什麼快樂？為什麼做？為什麼不做？黃帝書上說：『至高無上的人，靜止時像死一般，行動時像機械一樣。』也不知為什麼靜止，不知為什麼不靜止；不知為什麼行動，也不知為什麼不行動。不因為眾人的注視而改變他的情貌，也不因為眾人的不注視而不改變他的情貌。獨來獨往，獨出獨入，誰能夠阻礙他呢？」

賞析與點評

這節討論什麼是人的命限。什麼叫命？就是不知道箇中原因的，不知為什麼會這樣而這樣叫命。活在命限之中，如何處世？這節反覆詰問二元的相對性，例如不知道為什麼靜止，不知為什麼不靜止。在正反的詰問之中，看到事物突破命限、不落兩邊的思考。

墨杘、單至、嘽咺、憋懯四人相與游於世[1]，胥如志也[2]；窮年不相知情，自以智之深也。

巧佞、愚直、婩斫、便辟四人相與游於世[3]，胥如志也；窮年而不相語術，自以巧之微也。

繆伢、情露、謇極、凌誶四人相與游於世[4]，胥如志也；窮年不相曉悟，自以為才之得也。

眠娗、諈諉、勇敢、怯疑四人相與游於世[5]，胥如志也；窮年不相謫發[6]，自以行無戾也[7]。

多偶、自專、乘權、只立四人相與游於世[8]，胥如志也；窮年不相顧眄，自以時之適也。

此眾態也。其貌不一，而咸之於道，命所歸也。

注釋

1墨杘：狡詐，無賴。單至：輕率的樣子。嘽咺（普：tān xuǎn；粵：tan[1] hyn[2]）：迂闊緩慢的樣子。憋懯：急速的樣子。四者借作人名。2胥：皆，都。如：依照，順遂。3巧佞：奸詐機巧。愚直：質樸直率。婩斫：倔強高傲的樣子。便辟：逢迎諂媚。四者借作人名。4繆伢：即哀怒收藏在心而不肯吐露。情露：情感坦蕩，無所隱藏。謇極：口吃不順。凌誶：欺凌，責罵。四者借作人名。5眠娗：害羞不大方。誣諉：冗长而重複。怯疑：膽小懷疑。三者借作人名。6謫發：責過罰惡。7戾：違反。8多偶：隨順和諧。自專：專橫獨斷。乘權：倚仗權力。只立：孤獨存在。四者借作人名。

譯文

狡詐的墨杘、輕率的單至、遲緩的嘽咺、急躁的憋懯，四人同在世上遊逛，依照自己的意願；終年互不了解，都以為自己的智慧高深。

奸詐的巧佞、質樸的愚直、倔強的婩斫、諂媚的便辟，四人同在世上遊逛，依照自己的意願；終年互不傳授技術，都以為自己的技巧精妙。

鬱結的繆伢、坦蕩的情露、口吃的謇極、欺凌的凌誶，四人同在世上遊逛，依照自己的意願；終年互不啟發，都以為自己的才能出色。

害羞的眠娗、遲滯的誣諉、果敢的勇敢、膽小的怯疑，四人同在世上遊逛，依照自己的意願；終年互不問責，都以為自己的行為無歪斜。

隨和的多偶、獨斷的自專、恃權的乘權、孤獨的只立，四人同在世上遊逛，依照自己的意願；終年互不看顧，都以為自己適合時宜。

這些眾生相，他們的面貌雖然不同，但都合於道的規律，這是命數的歸趨。

賞析與點評

這節把各種人性的缺點視之為自然，用擬人法肯定這些自以為是的人性特點。命數同時保有好與壞，重要的信息是，面貌雖然各各不同，但都合於道的規律，一點也不差。

佹佹成者[1]，俏成也[2]，初非成也。佹佹敗者，俏敗者也，初非敗也。故迷生於俏，俏之際昧然[3]。於俏而不昧然，則不駭外禍，不喜內福；隨時動，隨時止，智不能知也。信命者於彼我無二心。於彼我而有二心者，不若掩目塞耳，背坂面隍亦不墜仆也[4]。故曰：死生自命也，貧窮自時也[5]。怨夭折者，不知命者也；怨貧窮者，不知時者也。當死不懼，在窮不戚，知命安時也。其使多智之人量利害[6]，料虛實，度人情，得亦中[7]，亡亦中[8]。其少智之人不量利害，不料虛實，

不度人情，得亦中，亡亦中。量與不量，料與不料，度與不度，奚以異？唯亡所量，亡所不量，則全而亡喪[9]。亦非知全[10]，亦非知喪。自全也，自亡也，自喪也。

注釋

1 俛俛：將要，快要。2 俏：通「肖」，相似。3 昧然：模糊不清的樣子。4 背坂：即背靠山坡。隍：城壕。5 貧窮：一說「貧窮」當作「貧富」，與上句「死生自命也」句子結構相同。6 其：連詞，假使。7 得：預測到。8 亡：預測不到。9 全而亡喪：保全而沒有丟失。10 知全：靠智力來保有。

譯文

快要成功時，看似成功了，本來並沒有成功。快要失敗時，看似失敗了，本來並沒有失敗。所以迷惑往往來自看似，似成和似敗的界限模糊不清。不蒙蔽於似成和似敗之間，就不會害怕外來的禍患，不會欣喜自身的福分；隨時活動，隨時停止，智力不能知曉。相信命限的人對於他人和自己沒有欣喜恐懼之情。對於他人和自己懷有欣喜恐懼之情的人，與其遮掩眼睛，塞住耳朵，背着山丘，面向城壕，也不會仆倒下去。因此說：死生自有命數，貧富自有時機。抱怨夭折的人，不知命數；抱怨貧窮的人，不知時機。面對死亡不恐懼，身處窮困不悲傷，就是知道命數並安於時機。假使多智慧的人去估量利害，預料虛實，猜度人情，得也可以，失也可以。那些缺乏智慧的人不估量利害，不預料虛實，不猜度人情，得也可以，失也可以。估量與不估量，猜度與不猜度，預料與不預料，有什麼差別呢？只有沒有所估量的，也沒有所不估量的，才能保全而沒有喪失。也不靠智力來保全，也不因智力而喪失。自然保全，自然消亡，自然喪失。

賞析與點評

以二元的思考方式，分析成功與失敗的關鍵。在成功與失敗之中看到轉機，了解原來所謂命數，只是自然的同義語。什麼是命數？無論估量與不估量，猜度與不猜度，預料與不預料，事物都自然存在，自然失去，不必喜，也不必悲。

農赴時，商趣利[1]，工追術，仕逐勢[2]，勢使然也[3]。然農有水旱，商有得失，工有成敗，仕有遇否[4]，命使然也[5]。

注釋

1 趣：傾向，趨向。2 仕：做官。3 勢：時勢。情況或優勢。4 遇：機遇，機會之意。5 命：命數，命限。

譯文

農夫趕赴農時，經商的人奔向利益，工匠追求技術，官吏爭逐權勢，這是時勢造成的。但是務農有水澇與旱災，經商有成就與失誤，工匠有成就與失敗，做官有機遇或沒有機遇，這是命數造成的。

賞析與點評

當命限放在士、農、工、商四者來看問題時，隱含的意思是整個社會和階層都逃不過命限與時勢的大趨向。雖然命限屬個人，時勢屬時代，但放在生死存亡的人世間，兩者都是命限。

楊朱篇

本篇導讀——

楊朱思想在這篇之中得以保留。張湛在〈列子序〉中說這篇為「僅有存者」。楊朱的思想與道家的思維方式有幾分相似，特別是對二元思維的掌握。例如，他提及：不認命，怎會羨慕長壽？不注重顯貴，怎會羨慕名聲？不追求權勢，怎會羨慕地位？不貪圖富有，怎會羨慕貨財？

楊朱的主張，可以概括為以下三個方面：

重視自己

怎樣是懂得生活？楊朱認為如果要活得長久，人就要虛偽，凡事真實，吃虧的就只有自己。他更認為人生在世，太多限制，令人無暇去順應自己的本性，不如一任心意，一任本性，放任一下。

一般人認為拿分毫來救助他人何樂而不為，但對於楊朱，一根毫毛的價值比全體價值更大。究竟一根毫毛的價值是高是低呢？毛髮是組成肌膚的重要部分，而肌膚是構成肢體的重要部分，一根毫毛雖微小，缺少它，組成不了肌膚，因而又組成不了肢體，所以它的價值非常大。因此，楊朱不會從量去看一毛，他從質去看。

人生的目的

怎樣看生存呢？楊朱認為，人既然出生了，就聽任自己的欲望，盡量滿足，什麼長生和死亡，都不必去理會，直至人生走到盡頭。聽任自己的欲望是楊朱思想在這節着力的地方。因而活得快樂和安逸最為重要。這就是人生的目的，要達致這個目標，生活要取得平衡，不可過於追求某一種生活方式，生活態度要能保持身心舒暢，讓生命快樂不匱乏，讓身體安逸不勞累。

楊朱認為一切事情終歸湮滅，更何況是名聲，所以否定注重譭譽，認為快樂才是人生的目的。他反覆提及名聲，認為名聲是令人憂煩、不得安閒的重要思維障礙。名聲是從屬於真實的，既然如此，那些只管守着名聲的想法，根本就在損害真實。

人生的終結

所謂生，就是要活得安逸，讓不安逸變得安逸，甚至放縱性情，讓自己得到最大的快樂。要情感先行，欲望先行，合乎人性，自然而然，就可以了。把人的原始欲望加以規範，談禮儀和人的價值，是令人憂心過活的惡因。而所謂死，最終也一樣的臭腐。人的生死、賢愚、貴賤雖然不同，但是生存是人皆必經的，既然如此，不如選擇活在當下，懶理死後的世界吧！

楊朱游於魯[1]，舍於孟氏。孟氏問曰：「人而已矣，奚以名為？」曰：「以名者為富。」「既富矣，奚不已焉？」曰：「為貴。」「既貴矣，奚不已焉？」曰：「為死。」

「既死矣，奚為焉？」曰：「為子孫。」「名奚益於子孫？」曰：「名乃苦其身，燋其心[2]。乘其名者，澤及宗族，利兼鄉黨[3]，況子孫乎？」「凡為名者必廉，廉斯貧；為名者必讓，讓斯賤。」曰：「管仲之相齊也[4]，君淫亦淫，君奢亦奢，志合言從，道行國霸。死之後，管氏而已。田氏之相齊也[5]，君盈則己降，君斂則己施，民皆歸之，因有齊國；子孫享之，至今不絕。」「若實名貧[6]，偽名富！」曰：「實無名，名無實；名者，偽而已矣。昔者堯、舜偽以天下讓許由、善卷[7]，而不失天下，享祚百年[8]。伯夷、叔齊實以孤竹君讓而終亡其國，餓死於首陽之山。實偽之辯，如此其省也。」

注釋

1 楊朱：戰國時人，楊朱曾與人辯論，重愛己，及說過不曾拔一毛以利天下的主張。2 燋：通「焦」，心急煩躁。3 鄉黨：指同鄉。4 管仲：春秋時代齊國政治哲學家。曾任齊相，輔助齊桓公主政。5 田氏：指田桓，又稱田常，即田成子，齊國人。6 若：假如。實名貧：實，真實之意，與下句說偽相對。名，名聲。貧，貧窮。7 許由：按《莊子．逍遙遊》所說，他是堯時隱士，有才幹，堯想把管治天下的責任交予他，許由不接受逃走到箕山下。堯又請他做九州的長官，他到潁水邊洗耳朵，裝作不想聽到。善卷：按《莊子．讓王》所說，他是舜時隱士，有才幹，舜想把君位讓給他，善卷卻說自己日出而作，日入而息，逍遙於天地之間而不接受。8 祚：指帝位、國運。

譯文

楊朱在魯國遊歷，在孟氏家裏住。孟氏問道：「做人罷了，要名聲做什麼呢？」楊朱說：「依靠名聲致富。」「已經富有了，為什麼還不停下來？」說：「要顯貴。」「已經顯貴了，為了什麼還不停下來呢？」說：「為了身後。」

孟氏又問：「已經去世了，為了什麼呢？」楊朱說：「為了子孫。」孟氏說：「名聲對子孫有什麼益處呢？」楊朱說：「名聲令身體勞苦，心裏煩躁。藉着名聲，可以恩澤整個宗族，利益兼顧同鄉；更何況對於子孫呢？」「但凡重視名聲的人一定廉潔，廉潔就會貧窮；重視名聲的人一定謙讓，謙讓地位就低下。」楊朱說：「管仲擔任齊國的國相，君主淫逸他也淫逸，君主奢侈他也奢侈，思慮一致，言聽計從，治道得以推行，國家得以稱霸。但是他死後，管氏就衰落。田成子擔任齊國的國相，君主自滿他就克己，君主聚斂他就施捨，民心全部歸順，所以擁有齊國；子孫得以安享，至今不曾中斷。假如真實的名聲使人貧窮，則虛偽的名聲使人富貴！」楊朱說：「真實的沒有名聲，名聲沒有真實；所謂名聲，都是虛偽罷了。從前，堯、舜虛偽地表示要把君位讓給許由、善卷，因而沒有失天下，能享受百年國運。伯夷、叔齊真正要把孤竹君的王位讓出，因而終於亡國，餓死在首陽山上。真實和虛偽的區別，要這樣察看。」

賞析與點評

楊朱與孟氏的對話，帶出真實與虛偽的真正含義。如何叫懂得生活？這節就認為如果要活得長久，人就要虛偽，凡事真實，吃虧的就只有自己。楊朱為己，重視自己利益的主張可以在這裏窺見。

楊朱曰：「百年，壽之大齊[1]。得百年者千無一焉。設有一者，孩抱以逮昏老，

幾居其半矣。夜眠之所弭[2]，晝覺之所遺，又幾居其半矣。痛疾哀苦，亡失憂懼，又幾居其半矣。量十數年之中，逌然而自得[3]，亡介焉之慮者，亦亡一時之中爾。

「則人之生也奚為哉？奚樂哉？為美厚爾，為聲色爾。而美厚復不可常厭足[4]，聲色不可常玩聞[5]。乃復為刑賞之所禁勸[6]，名法之所進退[7]；遑遑爾競一時之虛譽[8]，規死後之餘榮[9]；偊偊爾慎耳目之觀聽[10]，惜身意之是非；徒失當年之至樂，不能自肆於一時。重囚累梏[11]，何以異哉？

「太古之人知生之暫來，知死之暫往；故從心而動[12]，不違自然所好；當身之娛非所去也，故不為名所勸。從性而游，不逆萬物所好，死後之名非所取也，故不為刑所及。名譽先後，年命多少，非所量也。」

注釋

1 大齊：大限。2 弭：止息，消失。3 逌然：逌，即悠，閒適自得的樣子。4 厭足：滿足。5 玩聞：沉溺。6 禁勸：禁止和勉勵。7 名法：指位置等級和法律規矩。進退：權衡。8 遑遑：匆忙不安。9 規：計劃，打算。10 偊偊（普：jǔ；粵：gœy²）：同「踽踽」，獨個兒走路。慎：謹慎小心。11 重囚：嚴加囚禁。累梏：沉重的手銬。12 從：同「縱」，隨任。

譯文

楊朱說：「一百歲，是壽命的大限。能活到百歲，千中無一。假設有人能活到百歲，從幼年以至衰老，就幾乎佔據了人生的一半。夜眠所消耗、午覺所失去的時間，也幾乎佔據了剩餘的一半。至於疾痛哀苦、亡失憂懼，幾乎又佔據了剩下的一半時間。算一下在十數年之中，能夠閒適自得、無憂無慮，怕連一時半刻也沒有。

「那麼人出生，為了做什麼？為了快樂麼？為了暖衣美食，為了好聲美色。然而暖衣美食並不能常常得到滿足，好聲美色也不能常常沉溺。加上刑罰禁限，嘉許的鼓勵，級別與法律的權衡；倉促不安地競逐短暫的虛銜，規劃身後的榮耀；獨個兒注意耳朵和眼睛所看到和聽到的事情，留意自身意向的對與錯；浪費了當年最大的快樂，自己不能隨意放縱一下。這樣與嚴加囚禁、戴滿手銬有什麼不同呢？

「古人知道生命來得短暫，知道死亡只是暫時離開，因此隨心意所動，不違背自然所喜好的；自身的快樂不要去掉，不為名聲所勸誘。一任本性遨遊，不違背萬物所喜愛的，身後的名聲不要拿取，這樣就刑罰影響不了。生前或死後的名聲，壽命的長短，都不要計量。」

賞析與點評

楊朱認為人生在世，太多限制，令人無暇去順應自己的本性。人受生、老、病、死所困，計量自己所能餘下的時間，生活太多限制，又要注意規章制度，又要注意生前和死後，本性就這樣埋沒了。一任心意，一任本性，放任一下，是楊朱時刻宣之於口的為己主張。

楊朱曰：「萬物所異者生也，所同者死也。生則有賢愚、貴賤，是所異也；死則有臭腐、消滅，是所同也。雖然，賢愚、貴賤非所能也[1]，臭腐、消滅亦非所能也。故生非所生[2]，死非所死，賢非所賢，愚非所愚，貴非所貴，賤非所賤。

「然而萬物齊生齊死[3]，齊賢齊愚，齊貴齊賤。十年亦死，百年亦死；仁聖亦死，凶愚亦死。生則堯、舜，死則腐骨；生則桀、紂，死則腐骨。腐骨一矣，孰知其異？且趣當生[4]，奚遑死後[5]？」

注釋

1 非所能：不是自己所能控制、支配或決定的。2 生非所生：承上句所說，不是可以由自我所控制、支配或決定，則此句說的「所生」也就有「自己就能決定生」之意。下文「非所死」、「非所賢」、「非所愚」等都有這個意思。3 齊：一起。4 趣：通「取」，這裏有選擇之意。5 遑：害怕，恐懼。

譯文

楊朱說：「萬物的不同在於存在，相同在於死亡。存在則分成賢愚、貴賤的差別；死亡則有臭腐、消滅的相同。雖然賢愚、貴賤不是自己所能決定的；臭腐、消滅也不是自己所能決定的。所以生存不能決定，死亡不能決定，賢明不能決定，愚昧不能決定，顯貴不能決定，卑賤不能決定。

「但是萬物是一起生存，一起死去，一起賢明，一起愚昧，一起顯貴，一起卑賤。活十年的死，活百年的也死；仁人聖賢也死，兇殘的愚昧的也死。生來是堯、舜，死了則是腐骨；生來是桀、紂，死了則是腐骨，一樣的腐骨，誰知道它們的差別呢？不如選擇今生，為什麼要害怕死後呢？」

賞析與點評

楊朱對生死的理解又更進一步，認為人的生存有不同的差異取向，但是人死後，還不是一樣的臭腐。反而人的生死、賢愚、貴賤雖然不同，但是生存時人皆相同，既然如此，不如選擇活在當下，懶理死後的世界吧！

楊朱曰：「伯夷非亡欲，矜清之郵[1]，以放餓死[2]。展季非亡情[3]，矜貞之郵[4]，以放寡宗[5]。清貞之誤善之若此[6]。」

楊朱曰：「原憲窶於魯[7]，子貢殖於衛[8]。原憲之窶損生，子貢之殖累身。」「然則窶亦不可，殖亦不可，其可焉在？」曰：「可在樂生，可在逸身。故善樂生者不窶，善逸身者不殖。」

注釋

1 矜清：自恃清高。郵：通「尤」，最。2 放：直至。3 展季：即展禽，又叫柳下惠。4 矜貞：自恃堅貞。5 寡宗：宗指宗族，子孫不多。6 善：容易，多，常。7 原憲：春秋時魯國人。字子思，孔子早期的學生，曾任孔子的家宰。窶（普：jù；粵 gey6）：貧窮，匱乏。8 殖：貨殖，經營商販。

譯文

楊朱說：「伯夷並非沒有欲望，過於自恃清高，以至於餓死。展禽並非缺乏情感，過於自恃堅貞，以至於子孫不多。清高和堅貞容易造成這樣的錯失！」

楊朱說：「原憲在魯國生活窮困，子貢在衛國經營商販。原憲的窮困損害生命，子貢的經商勞累身體。」「那麼，窮困也要不得，經商也要不得，怎樣才可以呢？」楊朱回答：「在於讓生活快樂，在於讓身體安逸。因此善於讓生活快樂的人不會匱乏，善於讓身體安逸的人不會經商。」

賞析與點評

生活要取得平衡，不可過於追求某一種生活方式，生活態度要能保持身心舒暢，讓生命快樂不匱乏，讓身體安逸不勞累。

楊朱曰：「古語有之：『生相憐，死相捐[1]。』此語至矣[2]。相憐之道，非唯情也；勤能使逸，飢能使飽，寒能使溫，窮能使達也。相捐之道，非不相哀也；不含珠玉[3]，不服文錦，不陳犧牲，不設明器也[4]。

「晏平仲問養生於管夷吾[5]。管夷吾曰：『肆之而已，勿壅勿閼[6]。』晏平仲曰：『其目奈何[7]？』夷吾曰：『恣耳之所欲聽，恣目之所欲視，恣鼻之所欲向，恣口之所欲言，恣體之所欲安，恣意之所欲行。夫耳之所欲聞者音聲，而不得聽，謂之閼聰；目之所欲見者美色，而不得視，謂之閼明；鼻之所欲向者椒蘭，而不得嗅，謂之閼顫[8]；口之所欲道者是非，而不得言，謂之閼智；體之所欲安者美厚，而不得從，謂之閼適；意之所欲為者放逸，而不得行，謂之閼性。凡此諸閼，廢虐之主[9]。去廢虐之主，熙熙然以俟死，一日、一月、一年、十年，吾所謂養。

拘此廢虐之主，錄而不舍[10]，戚戚然以至久生，百年、千年、萬年，非吾所謂養。』

「管夷吾曰：『吾既告子養生矣，送死奈何？』晏平仲曰：『送死略矣，將何以告焉？』管夷吾曰：『吾固欲聞之。』平仲曰：『既死，豈在我哉？焚之亦可，沉之亦可，瘞之亦可[11]，露之亦可，衣薪而棄諸溝壑亦可[12]，衮衣繡裳而納諸石椁亦可[13]，唯所遇焉。』管夷吾顧謂鮑叔、黃子曰[14]：『生死之道，吾二人進之矣[15]。』」

注釋

1 捐：捨棄。2 至：恰當。3 不含珠玉：中國古代喪葬，以珠玉、茶葉等物放在死者口中，表顯身份地位。4 明器：即「冥器」，喪葬用的器物。5 晏平仲：即晏嬰，春秋時齊國卿相。6 閼：阻塞，壅塞。7 目：細目。8 顫：鼻子能辨別的氣味。9 廢虐：廢，大的意思；指大殘害。主：主要原因。10 錄：檢束。11 瘞：埋葬。12 衣薪：用柴草遮蓋身體。衣，穿上，用以遮蓋。13 衮衣：古代帝王的禮服。石椁：即套在棺木外的大棺材。14 黃子：與管仲同時的齊國大臣。15 進：通「盡」。

譯文

楊朱說：「古語有這句：『生前互相憐憫，死後互相捨棄。』說得恰當。互相憐憫，並非只是情感，勤勞的可以得到安逸，飢餓的可以得到吃飽，寒冷的可以得到溫暖，窮困的得到顯達。互相捨棄，並非互相哀哭，而是不放珠玉進口中，不給他穿華美的衣服，不陳設祭品，不設置冥器。

「晏平仲向管夷吾問養生。管夷吾說：『盡情而已，不要堵塞，不要阻塞。』晏平仲說：『重點是怎樣的？』管夷吾說：『一任耳朵所想聽的，一任眼睛所想看的，一任鼻子所想嗅的，一任嘴巴所想說的，一任身體所想安閒的，一任心意所想實行的。耳朵所想聽的是聲音，聽不了，叫作聽覺阻塞；眼睛所想看的是美色，看不了，叫作看見阻塞；鼻子所想嗅的是氣味，嗅不了，叫作嗅覺阻塞；嘴巴所想講的是是非，講不了，叫作智力阻塞；身體所想安閒的是美食暖衣，安閒不了，叫作閒適阻塞；心意所想實行的是放逸，實行不了，叫作前往阻塞。凡此種種阻塞，都是殘害身心的主因。去除這些殘害身心的主因，安安樂樂直到死亡，就算活上一日、一月、一年、十年，也是我所說的養生。受這些殘害身心的主因束縛，取用而不捨棄，內心悲悽一直生活下去，就算活上百年、千年、萬年，不是我所說的養生。』

「管夷吾說：『我已經把養生告訴你，那麼送葬怎麼辦呢？』晏平仲說：『送葬就得省略了。怎樣跟你說好呢？』管仲說：『我固然希望聽一聽。』晏平仲說：『已經死了，怎樣做難道可以自己決定嗎？焚燒死者也可以，沉下水中也可以，埋葬也可以，暴露也可以，用柴薪遮住丟進溝壑裏也可以，穿華服錦衣裝進石頭棺槨也可以，唯有看情況了！』管仲回頭對鮑叔牙和黃子說：『生死的道理，我們兩人完全了解！』」

賞析與點評

這些描述實在對人的生前和死後有很透徹的理解。所謂生，楊朱和管夷吾有近似的見解，就是要活得安逸，讓不安逸變得安逸；所謂死，楊朱認為簡樸不奢侈就是了，而管平仲則視乎情況而定，可以簡樸，也可以豪華。兩人的共識是，死者決定不了自己死後喪葬的安排，因此，楊朱提及的不放珠玉進死者口中等做法，就是說死者受制於生者，受制於不同的情況。

子產相鄭，專國之政，三年，善者服其化，惡者畏其禁，鄭國以治，諸侯憚之。而有兄曰公孫朝，有弟曰公孫穆。朝好酒，穆好色。朝之室也聚酒千鍾，積麴成封[1]，望門百步[2]，糟漿之氣逆於人鼻。方其荒於酒也[3]，不知世道之安危，人理之悔吝，室內之有亡，九族之親疏[4]，存亡之哀樂也。雖水火兵刃交於前，弗知也。

穆之後庭比房數十，皆擇稚齒婑媠者以盈之[5]。方其耽於色也，屏親昵，絕交游，逃於後庭，以晝足夜[6]；三月一出，意猶未慊。鄉有處子之娥姣者，必賄而招之，媒而挑之，弗獲而後已[7]。

子產日夜以為戚，密造鄧析而謀之，曰：「僑聞治身以及家[8]，治家以及國，此言自於近至於遠也。僑為國則治矣，而家則亂矣。其道逆邪？將奚方以救二子？子其詔之[9]！」

鄧析曰：「吾怪之久矣！未敢先言。子奚不時其治也[10]，喻以性命之重，誘以禮義之尊乎？」

子產用鄧析之言，因間以謁其兄弟，而告之曰：「人之所以貴於禽獸者，智慮。智慮之所將者，禮義。禮義成，則名位至矣。若觸情而動，耽於嗜欲，則性命危矣。子納僑之言，則朝自悔而夕食祿矣。」

朝、穆曰：「吾知之久矣，擇之亦久矣，豈待若言而後識之哉？凡生之難遇而死之易及；以難遇之生，俟易及之死，可孰念哉[11]？而欲尊禮義以夸人，矯情性以招名[12]，吾以此為弗若死矣。為欲盡一生之觀，窮當年之樂，唯患腹溢而不得恣口之飲，力憊而不得肆情於色；不遑憂名聲之醜，性命之危也。且若以治國之能夸物，欲以說辭亂我之心，榮祿喜我之意，不亦鄙而可憐哉！

「我又欲與若別之。夫善治外者，物未必治，而身交苦；善治內者，物未必亂，而性交逸。以若之治外，其法可暫行於一國，未合於人心；以我之治內，可推之於天下，君臣之道息矣。吾常欲以此術而喻之，若反以彼術而教我哉？」

子產忙然無以應之[13]。他日以告鄧析。鄧析曰：「子與真人居而不知也[14]，孰謂子智者乎？鄭國之治偶耳，非子之功也。」

注釋

1 麴：酒麴，泛指酒。封：像土堆的堆積物。2 望：接近。3 荒：沉湎，放縱。4 九族：以自己為本位，上推父、祖、曾祖和自己以下的子、孫、曾孫、玄孫。5 婑婧（普：tuǒ；粵：$tɔ^5$）：柔弱美好的樣子。6 足：補足，湊滿。7 弗獲而後已：不獲取不停止的意思。8 僑：即子產。子產姓公孫，名僑，字子產。9 詔：告訴、告誡之意。10 時其治：及時地治理。11 可孰念哉：「孰可念哉」的倒裝句。意謂，還有什麼可以掛念的呢？12 矯：掩飾。13 忙然：茫茫然，若有所失的樣子。14 真人：道家稱得道的人。

譯文

子產擔任鄭國的國相，專政三年，良善的人順從他的教化，兇惡的人畏懼他的禁令，鄭國安定，諸侯害怕。

子產有位兄長叫公孫朝，有位弟弟叫公孫穆。公孫朝好酒，公孫穆好色。公孫朝的家裏藏有上千壺好酒，酒麴堆積如山，離大門百步之遠，糟漿的氣味刺鼻。當他沉湎於酒時，不顧社會的安危、人事的災厄、家中的有無、九族的親疏、生死的哀樂。即使水火、兵刃交加來到面前，也不知道。

公孫穆的後庭並列有數十間房，滿屋都是年輕貌美的女子。當他沉迷於女色時，摒退親友，斷絕交遊，躲在後庭，日以繼夜；三個月才出來一次，還意猶未盡。同鄉有貌美的處女，他必定賄賂羅致，找媒人挑選，不得到就不罷休。

子產日夜為此憂慮，祕密造訪鄧析，同他商議說：「我聽別人說，管理自己推及家庭，管理家庭推及全國，這是說要由近及遠。僑已經把國家治理好，而家庭則混亂。規律亂了嗎？該用什麼方法來救助兩人呢？請告訴我！」

鄧析回答：「我也奇怪了許久！但不敢先說。你為什麼不及時治理呢？告知性命攸關，勸說禮義的尊貴吧！」

子產採用鄧析的意見，空閒時見了這兩位兄弟，告訴他們：「人比禽獸高貴的地方，在於智慧和思慮。智慧和思慮所依從的是禮儀。禮儀完備名譽地位就來了。如果觸動情欲，耽於嗜欲，性命就危險了！你們接納我的建議，早上悔過自新後，晚上就可以享受俸祿了。」

公孫朝和公孫穆答道：「我們早就知道了，也選擇很久，怎會等到你說後才知道呢？生命是難以應付的，而死亡卻容易達到；用難以應付的生命，來等待容易達到的死亡，還有什麼可以掛念的呢？如果想藉尊貴的禮儀來誇耀人前，掩飾真情本性以招徠名聲，這樣做的話，不如死去吧。為了要享盡一生的歡娛，窮盡有生之年的快樂，最多只是肚子太飽而不能盡飲，力有不逮對着美色而不能縱欲；實在無暇擔心會醜化名聲，危害性命。你想炫耀治國的才能，用說話擾亂我的心，又以榮華利祿討我歡心，豈不是太淺薄又太可憐了嗎！

「我又和你分析一下。雖說善於管理外部的事情，外部的事情未必真能管理，但身體一同受苦；善於管理內心，外部的事情未必混亂，但內心性情一同安閒。以你管理外部的事情來說，這種方法雖可暫時在一國推行，但並不適合人的本心；以我管理內心的方法來說，可以在普天下推行，君臣之間的規範不用了。我們常想拿這種方法來告訴你，而你卻反而用你的方法來教我們！」

子產茫茫然無言以對。過了幾天，他告訴了鄧析。鄧析說：「你同真人相處卻不知道，誰說你是個智者？鄭國大治只是偶然罷了，並不是你的功勞。」

賞析與點評

在鄧析的分析之下，子產與公孫兩兄弟比較似乎顯得笨拙無才。放縱性情，讓自己得到最大的快樂是公孫兩兄弟的宗旨；而子產強調軌範、層級和名聲。前者重視的是人的性情、欲求，是人的原始欲望；後者重視的是把人的原始欲望加以規範，所以要談禮儀和人的價值。前者不事生產，追求個人的快樂，以滿足自己在世的最大快樂為依歸；後者推動向前，以提升內心的精神價值、尊重他人為主要的目的。

衛端木叔者[1]，子貢之世也[2]。藉其先貲[3]，家累萬金。不治世故[4]，放意所好。其生民之所欲為，人意之所欲玩者，無不為也，無不玩也。牆屋台榭，園囿池沼，飲食車服，聲樂嬪御，擬齊、楚之君焉。至其情所欲好，耳所欲聽，目所欲視，口所欲嘗，雖殊方偏國[5]，非齊土之所產育者[6]，無不必致之，猶藩牆之物也。及其遊也，雖山川阻險，塗徑修遠，無不必之，猶人之行咫步也。

賓客在庭者日百住[7]，庖廚之下不絕煙火，堂廡之上不絕聲樂[8]。奉養之餘，先散之宗族；宗族之餘，次散之邑里；邑里之餘，乃散之一國。行年六十，氣幹將衰[9]，棄其家事，都散其庫藏、珍寶、車服、妾媵[10]。一年之中盡焉，不為子孫留財。及其病也，無藥石之儲；及其死也，無瘞埋之資。一國之人受其施者，相與賦而藏之[11]，反其子孫之財焉。禽滑釐聞之[12]，曰：「端木叔，狂人也，辱其祖矣。」段干生聞之[13]，曰：「端木叔，達人也，德過其祖矣。其所行也，其所為也，眾意所驚，而誠理所取。衛之君子多以禮教自持，固未足以得此人之心也。」

注釋

1 端木叔：戰國時衛國人，為孔子弟子端木賜（即子貢）的後代。本是巨富，後散盡家財，為了享樂也為了慈善。2 世：後代、家世，家族世系。3 藉：憑藉。先：祖先。貲：財產。4 世故：這裏指生計、生產。5 殊方偏國：在遠方異域裏，而且甚為偏僻的國家。6 齊土：即中土，中原。7 日百住：每天上百人逗留。8 廡：堂下周圍的走廊。9 氣幹：氣血和軀幹。10 妾媵：古代諸侯之女出嫁，陪嫁的妹妹和堂妹。亦泛指侍妾。11 賦：給予。藏：埋藏。12 禽滑釐：墨子的弟子。13 段干生：戰國時魏國名士。姓段干，名木，是孔子的再傳弟子。魏文侯曾給予爵祿官職，他堅持不接受。

譯文

衛國端木叔，是子貢的後代。依靠祖蔭，家中積聚萬金。但他不經營家業，放縱所愛。只要是人們所想做的，人們所想玩的，他無不做，無不玩。亭台樓閣、園囿池沼、飲食車服、聲色音樂，侍妾宮女，可與齊、楚國君媲美。至於他情感所愛好的，耳朵所愛聽的，眼睛所想看的，口所想品嘗的，雖然遠在異域他國，中原地區沒有生產的東西，全要弄來，就好像是在圍牆裏的東西一樣。外出遊玩時，儘管山川險阻，路途遙遠，也要前往，就好像在咫尺之間一樣。賓客到他家裏逗留的每日以百計，廚房的煙火不滅，廳堂走廊的聲樂不停。侍奉門客之餘，先把錢財分給宗族；分給宗族之餘，再分給鄉里；分給鄉里之餘，又分給全國人民。他當時六十歲，身體開始衰老，於是拋棄家事，一年之內，散盡庫藏珍寶、車服侍妾，沒有為子孫留下財產。到他病重，買藥求醫沒有錢；到他去世後，埋葬的錢也沒有。國民受過他施予的，一起出錢，把他埋葬，又把財產還給了他的子孫。禽滑釐聽說這件事，罵道：「端木叔是個狂人，侮辱他的祖先！」段干生聽說這件事說：「端木叔是個通達的人，德行超過了他的祖先。他實行的，他做了的，雖然都令眾人驚訝，但確實合乎事理。衞國的君子多以禮教來約束自己，固然不足理解端木叔的用心了。」

賞析與點評

端木叔能隨他的心意去做自己所喜歡做的事情，看似情感先行，欲望先行，事實並非如此。端木叔家財萬貫，是能實現所有欲望的基礎。另外，這部分帶出一個重要信息，就是欲望不一定沒有價值，欲望不一定是個人的事，有時欲望可以德及眾人。只要合乎事理，自然而然，就可以了。

孟孫陽問楊子曰[1]：「有人於此，貴生愛身，以蘄不死[2]，可乎？」曰：「理無不死。」「以蘄久生，可乎？」曰：「理無久生。生非貴之所能存，身非愛之所能厚。且久生奚為？五情好惡，古猶今也；四體安危，古猶今也；世事苦樂，古猶今也；變易治亂，古猶今也。既聞之矣，既見之矣，既更之矣[3]，百年猶厭其多，況久生之苦也乎？」

孟孫陽曰：「若然，速亡愈於久生；則踐鋒刃，入湯火，得所志矣。」楊子曰：「不然。既生，則廢而任之[4]，究其所欲，以俟於死。將死，則廢而任之，究其所之，以放於盡。無不廢，無不任，何遽遲速於其間乎[5]？」

注釋

1孟孫陽：楊朱的學生。2蘄：通「祈」，祈求。3更：經歷，經過。4廢：放棄不理，擱下。5遽：恐懼，驚慌。

譯文

孟孫陽問楊朱道：「要是有人珍惜生命愛護身體，以此祈求不死，可以嗎？」楊朱說：「沒有不死的道理。」孟孫陽又問：「以此祈求長生，可以嗎？」楊朱回答：「沒有長生的道理。生命不是珍惜就能存在的，身體不是愛護就能健康的。再說，要長生做什麼？喜、怒、哀、樂、怨與好惡，古今是一樣的；身體的安康疾病，古今是一樣的；世事的苦樂，古今是一樣的；變動和治亂，古今也是一樣的。既然聽說過，既然看過，既然經歷過，活上百年都嫌太多，何況長久生存的痛苦呢？」

孟孫陽說：「如果這樣，立即死去比長久生存好；那麼踏刀鋒，下火海，就如願了。」

楊朱說：「不是這樣。既然生存，就不管了，聽任他，滿足自己的欲望，直至死亡。將要死亡，也不管了，聽任他，隨他去，直至到了盡頭。全都不管，全都聽任他，為生命的長短而害怕什麼呢？」

賞析與點評

怎樣看待生存呢？楊朱認為，人既然出生了，就聽任自己的欲望，盡量滿足，什麼長生和死亡，都不必去理會，直至人生走到盡頭。聽任自己的欲望是楊朱思想在這節着力的地方。

楊朱曰：「伯成子高不以一毫利物[1]，舍國而隱耕。大禹不以一身自利，一體偏枯[2]。古之人損一毫利天下不與也，悉天下奉一身不取也。人人不損一毫，人人不利天下，天下治矣。」

禽子問楊朱曰[3]：「去子體之一毛以濟一世，汝為之乎？」楊子曰：「世固非一毛之所濟。」禽子曰：「假濟，為之乎？」楊子弗應。禽子出語孟孫陽。孟孫陽曰：「子不達夫子之心，吾請言之。有侵若肌膚獲萬金者，若為之乎？」曰：「為之。」孟孫陽曰：「有斷若一節得一國[4]，子為之乎？」禽子默然。有間，孟孫陽曰：「一毛微於肌膚，肌膚微於一節，省矣。然則積一毛以成肌膚，積肌膚以成一節。一毛固一體萬分中之一物，奈何輕之乎？」禽子曰：「吾不能所以答子。然則以子之言問老聃、關尹，則子言當矣；以吾言問大禹、墨翟，則吾言當矣。」孟孫陽因顧與其徒說他事。

注釋

1伯成子高：堯時人，堯治天下，立伯成為諸侯，後來他辭官歸隱。2偏枯：即偏癱，半身不遂。3禽子：即禽滑釐，墨子學生。4一節：一段肢體。

譯文

楊朱說：「伯成子高不肯以分毫利益他人，因此捨棄國家，隱居耕種。大禹不願為自己謀利，因而半身不遂。古人不會減少分毫利益天下，使全天下侍奉一人，也不願意。人人不減少分毫，人人不利益天下，天下就安定了。」

禽滑釐問楊朱道：「拔去你身上的一根毫毛來救濟世間，你做嗎？」楊朱說：「世間本來就不是一根毫毛所能救濟的。」禽滑釐說：「假設可以救濟，你做嗎？」楊朱不回應。禽滑釐出門告訴了孟孫陽。孟孫陽說：「你沒領會先生的用心，我和你談談吧。有人侵害你的肌膚而給你萬金，你做嗎？」說：「做。」孟孫陽又問：「有人砍斷你一段肢體給你一個國家，你做嗎？」禽滑釐默然不語。一會兒後，孟孫陽說：「一根毫毛比肌膚細微，肌膚比一段肢體細微，對吧。但是積累毫毛成為肌膚，積聚肌膚成為一段肢體。一根毫毛固然只是身體的萬分之一，但難道可以輕視它嗎？」禽滑釐說：「我沒有什麼話可回答你。但是拿你所說的問老聃、關尹，你的話是正確的；拿我所說的去問大禹、墨翟，我的話又是正確的！」孟孫陽聽罷，就回過頭去，和自己的友人談其他事情了。

賞析與點評

究竟一根毫毛的價值是高是低呢？禽滑釐認為那只是分毫利益，拿這分毫救助他人何樂而不為呢？對於孟孫陽來說，一根毫毛是組成肌膚、構成肢體重要部分，一根毫毛雖微小，但是它的價值卻非常大。禽滑釐以天下利益與一己利益對舉，一己利益從量化的角度看自是不足一顧；孟孫陽將組成部分與全體對舉，部分擠成全體，自是不可輕視。

楊朱曰：「天下之美歸之舜、禹、周、孔[1]，天下之惡歸之桀、紂。然而舜耕於河陽[2]，陶於雷澤[3]，四體不得暫安，口腹不得美厚；父母之所不愛，弟妹之所不親。行年三十，不告而娶。乃受堯之禪，年已長，智已衰。商鈞不才[4]，禪位於禹，戚戚然以至於死：此天人之窮毒者也[5]。

「鮌治水土[6]，績用不就，殛諸羽山[7]。禹纂業事讎[8]，惟荒土功[9]，子產不字[10]，過門不入；身體偏枯，手足胼胝[11]。及受舜禪，卑宮室[12]，美紱冕[13]，戚戚然以至於死：此天人之憂苦者也。

「武王既終，成王幼弱[14]，周公攝天子之政。邵公不悅[15]，四國流言。居東三年，誅兄放弟[16]，僅免其身，戚戚然以至於死：此天人之危懼者也。

「孔子明帝王之道，應時君之聘，伐樹於宋[17]，削跡於衛[18]，窮於商周[19]，圍於陳、蔡[20]，受屈於季氏[21]，見辱於陽虎[22]，戚戚然以至於死：此天民之遑遽者也。

「凡彼四聖者，生無一日之歡，死有萬世之名。名者，固非實之所取也。雖稱之弗知，雖賞之不知，與株塊無以異矣。

「桀藉累世之資，居南面之尊；智足以距羣下，威足以震海內；恣耳目之所娛，窮意慮之所為，熙熙然以至於死：此天民之逸蕩者也。

「紂亦藉累世之資，居南面之尊；威無不行，志無不從；肆情於傾宮，縱欲於長夜；不以禮義自苦，熙熙然以至於誅：此天民之放縱者也。

「彼二凶也，生有從欲之歡，死被愚暴之名。實者，固非名之所與也，雖毀之不知，雖稱之弗知[23]，此與株塊奚以異矣。彼四聖雖美之所歸，苦以至終，同歸於死矣。彼二凶雖惡之所歸，樂以至終，亦同歸於死矣。」

注釋

1周：西周政治家姬旦，又稱周公旦。曾助成王攝政，天下大治，高風亮節成為後世聖賢模範。2河陽：古地名，在今河南孟縣西。3陶：製做陶器。雷澤：古代水澤，在今山東菏澤東北。4商鈞：舜的長子，未能繼承舜，舜把天下禪讓給了禹。5天人：指有大能的人。窮毒：窮困苦痛。6鮌：同「鯀」，傳說為禹的父親。曾奉命治水，九年未成，被舜所殺。7殛：誅殺。羽山：在今山東郯城東北。8纂業：繼承大業。9荒：沉溺，沉湎。10不字：不加飼養。11胼胝（普：pián zhī；粵：pin^{4} dzi^{1}）：手腳因長期工作而生成的繭子。12卑宮室：低矮簡陋的宮室。13紱冕：紱，蔽膝，為古代天子、諸侯等禮服的裝飾。冕，帝王的禮帽。14成王：周成王，名誦。年幼時父親武王去世，叔父周公旦助其攝政七年。15邵公：即召公，周武王弟弟，曾助周武王滅商，封於燕，是為燕國的始祖。16誅兄放弟：周公旦幫助成王攝政，他的兄弟管叔鮮和蔡叔度竟聯合殷紂王之子武庚作亂。周公奉命討伐，誅殺了叔鮮和武庚，放逐了叔度，三年平定內亂。17伐樹於宋：據《史記．孔子世家》所說，孔子去曹國，路過宋國，與弟子在大樹下學習禮儀。宋國司馬桓魋砍伐大樹，想殺死孔子。18削跡於衛：衛靈公本想聘用孔子，後聽信讒言，改變主意。孔子恐遭禍害悄悄離開了衛國。19窮於商周：據《論語》所記，孔子去陳國，途經匡。匡人因為曾經遭受魯國陽虎的欺負，而孔子貌似陽虎，匡人就將孔子抓住，囚禁了五天。窮，這裏指困厄。商周，古地名，即今河南商丘一帶的商朝舊地。20圍於陳、蔡：孔子應聘，到楚遊歷。陳、蔡兩國大夫曾聯合出兵把孔子圍困，地點就在陳、蔡之間的郊野。21受屈於季氏：孔子曾經受聘於季氏，當小官，負責管理牲畜。22見辱於陽虎：陽虎，春秋時季孫氏的家臣，權勢很大。季氏曾經設宴招待魯國士人，孔子前去，陽虎擋路，說：「季氏饗士，非敢饗子也。」23雖稱之弗知：此句當作「雖罰之弗知」。

譯文

楊朱說：「天下的美善都歸於虞舜、夏禹、周公、孔子，天下的醜惡都歸於夏桀、殷紂。但是當時虞舜在河陽耕作、在雷澤製陶的時候，手腳不得短暫的休息，口腹不得吃美食；父母不愛他，弟弟妹妹不親近。其時三十歲，沒有告訴父母就娶妻。及至接受唐堯禪讓時，年紀已大，智力衰退。兒子商鈞又不能幹，他只好把帝位禪讓給禹，憂愁不安直到老死：他是窮困苦痛的能人異士。

「鯀治理水土，沒有功績，舜在羽山殺死他。大禹繼承父業，替仇人辦事，專心治理水土，生下孩子不飼養，路過家門不進去；後來半身不遂，手足生繭。及至接受虞舜禪讓後，住進低矮的宮室，穿華美的冠服，憂愁不安直到老死：他是憂愁痛苦的能人異士。

「周武王死後，成王年幼，周公代天子掌國政。召公不滿，四處散播流言。周公為此避居東都洛陽三年，後來誅殺了哥哥，放逐了弟弟，自己才得以免禍。憂愁不安直到老死：他是憂慮恐懼的能人異士。

「孔子明白帝王的治道，接受當時君主的聘請，卻在宋國遭砍樹殺害；在衞國受別人造謠；在商周地方被囚禁；在陳、蔡之間被圍困；在季氏當小官；遭陽虎侮辱。憂愁不安直到老死：他是悽惶窘迫的能人異士。

「那四位聖人，活着沒有一天歡樂，死後卻有萬世名聲。所謂名聲，本來就不是實質可取的。稱頌它不知道，讚賞它也不知道，這與樹根和泥土沒有分別呢。

「夏桀憑藉歷代祖宗的基業，高居南面之尊；智謀足以抗拒羣臣，威力足以震懾海內；放任耳朵和眼睛的歡娛，盡情做心裏所希望做的，安安樂樂直到死亡：他是奢逸放蕩的能人異士。

「殷紂也憑藉歷代祖宗的基業，高居南面之尊；威勢沒有不能實行的，意志沒有誰敢不服從；在整個宮殿中任意縱情，在長夜中通宵放縱情欲；不用禮義來令自己受苦，安安樂樂直到死亡：他是放縱任性的能人異士。「那兩個兇惡的人，活着時縱情歡樂，死後披上愚昧殘暴的名聲。真實的價值本來就不是名聲所能賦予的，就是詆譭它不知道，就是稱頌它也不知道，這與樹根和泥土沒有分別呢！

「那四位聖人，雖然是美善的依歸，但是辛苦直到最後，最後同歸死亡。那兩個兇惡的人雖然是醜惡的依歸，卻快樂直到最後，最後同歸死亡。」

賞析與點評

楊朱把快樂和安逸看作人生的目的，要達致這個目標，他舉了正反兩面，認為四位聖人雖然名聲昭彰，卻痛苦以終；兩位惡人雖然名聲狼籍，卻能快樂到最後。楊朱的立足點在於以聖人的痛苦對比惡人的快樂，帶出生時安閒的重要。

楊朱見梁王[1]，言治天下如運諸掌[2]。梁王曰：「先生有一妻一妾而不能治；三畝之園而不能芸，而言治天下如運諸掌，何也？」對曰：「君見其牧羊者乎？

百羊而羣，使五尺童子荷箠而隨之[3]，欲東而東，欲西而西。使堯牽一羊，舜荷箠而隨之，則不能前矣。

「且臣聞之：『吞舟之魚，不游枝流；鴻鵠高飛，不集污池[4]。』何則？其極遠也。黃鍾大呂[5]，不可從煩奏之舞[6]，何則？其音疏也。將治大者不治細，成大功者不成小，此之謂矣。」

注釋

1梁王：指梁惠王，也就是戰國時魏惠王，惠是他的謚號。2諸：「之於」的合音。3箠（普：chuí；粵：sœy4）：即棰，短木棍。4污池：水池。5黃鍾大呂：黃鍾，古代十二律中陽律其中一律；大呂，十二律中陰律的其中一律。連用來表示音樂或交辭的和諧，正大和高妙。6煩奏之舞：用節奏繁複的音樂伴奏的舞蹈。

譯文

楊朱拜見梁惠王，說治理天下就像掌握在手上一樣容易。梁惠王說：「先生有一妻一妾都管教不好；三畝菜園裏的草也不能除去，卻說治理天下像掌握在手上一樣容易，為什麼？」楊朱回答說：「國君見過牧羊人嗎？上百頭羊羣，讓五尺高的小孩提着木棍跟在後面，想向東就向東，想朝西就朝西。如果讓堯牽一頭羊，讓舜提着木棍跟在後面，羊就不能前行！

「我還聽說：『能吞下船隻的大魚，不在江河的支流出沒；大雁高飛，不在水池聚集。』為什麼？因為牠們的目標極其遠大。黃鐘大呂不能為節奏繁複的舞蹈伴奏，為什麼？因為它們的音律有緻。將要管治大事不會管治小事，成就大功勞不成就小的，就是這個意思。」

賞析與點評

楊朱和梁惠王談治理之道。梁惠王認為管理大事和管理小事的手法都一樣，能管理大事，也可管理小事。楊朱就不同意，認為管大事不同於管小事，因為目標取向各異。楊朱只就目標着眼，梁惠王則放眼治理的方法。

楊朱曰：「太古之事滅矣，孰誌之哉？三皇之事若存若亡，五帝之事若覺若夢，三王之事或隱或顯，億不識一。當身之事或聞或見，萬不識一。目前之事或存或廢，千不識一。太古至於今日，年數固不可勝紀。但伏羲已來三十餘萬歲[1]，賢愚、好醜、成敗、是非，無不消滅，但遲速之間耳。矜一時之毀譽[2]，以焦苦其神形，要死後數百年中餘名，豈足潤枯骨？何生之樂哉？」

注釋　1但：僅，只。2矜：自恃，注重。毀譽：毀，即譭，指批評；譽，稱讚。

譯文　楊朱說：「太古時代的事情湮沒了，有誰記下來呢？三皇時代的事情至今若有若無，五帝時代的事情至今似幻似夢，三王時代的事情至今或隱或現，億分之一也不認識。當代的事情或聽聞或看見，萬分之一也不認識。眼前的事情或存在或捨棄，千分之一也不認識。從太古至於今日，年數本來就記不下來。自伏羲以來僅就已經三十多萬年，其間的賢明、愚昧、美好、醜惡、成功、失敗、是非，無不歸於湮沒，只是快慢之間罷了。自恃一時的批評與讚美，使心神焦慮肉體受苦，以追求死後幾百年所留下的名聲，難道名聲足以滋潤枯骨嗎？這樣活着有什麼快樂呢？」

賞析與點評

楊朱認為一切的事情終歸湮滅，更何況是名聲，所以否定對譭譽的注重，然後帶出快樂才是人生的目的的主張。

楊朱曰：「人肖天地之類[1]，懷五常之性[2]，有生之最靈者人也。人者，爪牙不足以供守衛，肌膚不足以自捍禦，趨走不足以從利逃害，無毛羽以禦寒暑，必將資物以為養性，任智而不恃力。

「故智之所貴，存我為貴；力之所賤，侵物為賤。然身非我有也，既生，不得不全之；物非我有也，既有，不得而去之。身固生之主，物亦養之主。雖全生身，不可有其身；雖不去物，不可有其物。有其物，有其身，是橫私天下之身[3]，橫私天下之物。其唯聖人乎！公天下之身，公天下之物，其唯至人矣！此之謂至至者也[4]。」

注釋

1肖：相似。2五常：依道家立場，五常即五行。3橫私：粗暴，不循正理，任意據為己有。4至至：道的最高境界。

譯文

楊朱說：「人類與天地相似，稟受五常之性，生物之中最有靈性的就是人。人的指甲牙齒不足以用來防衛，肌肉皮膚不足以捍衛抵禦，奔跑不足以趨利避害，身上沒有毛羽來防寒避暑，必須藉外物來養活本性，用智慧而不依仗力量。

「因此，智慧之可貴，在於保存自我為可貴；力量之所以低下，侵犯外物為之低下。但是，身體並非屬於自己擁有，既然生存，就不得不保全它；外物也非屬於自己所有，既然存在，就不必將它去掉。身體固然是生存的主體，外物也是養育生命的主體。雖然保全了生命和身體，但不可擁有身體；雖然不必去掉外物，但不可擁有外物。擁有外物，擁有身體，是任意把天下的身體據為己有，任意把天下的外物據為己有，就只有聖人吧！把屬於天下的身體以為公有，把屬於天下的外物以為公有，就只有至人吧！這就叫作至至者！」

賞析與點評

楊朱以身體和外物的公和私來評價聖人與至人，也就是評價儒家和道家的分別。楊朱自然把至人說成是大公無私的支持者。

楊朱曰：「生民之不得休息，為四事故：一為壽，二為名，三為位，四為貨。有此四者，畏鬼，畏人，畏威，畏刑，此謂之遁人也[1]。可殺可活，制命在外。

「不逆命，何羨壽？不矜貴，何羨名？不要勢，何羨位？不貪富，何羨貨？此之謂順民也[2]。天下無對，制命在內。

「故語有之曰：『人不婚宦，情欲失半；人不衣食，君臣道息。』周諺曰：『田父可坐殺[3]。』晨出夜入，自以性之恆；啜菽茹藿[4]，自以味之極；肌肉粗厚，筋節踡急[5]，一朝處以柔毛綈幕，薦以粱肉蘭橘[6]，心痟體煩[7]，內熱生病矣。商、魯之君與田父侔地[8]，則亦不盈一時而憊矣。故野人之所安，野人之所美，謂天下無過者。

「昔者宋國有田夫，常衣縕黂[9]，僅以過冬。暨春東作[10]，自曝於日，不知天下之有廣廈隩室[11]，綿纊狐狢[12]。顧謂其妻曰：『負日之暄[13]，人莫知者；以獻吾君，將有重賞。』里之富室告之曰：『昔人有美戎菽[14]，甘枲莖芹萍子者[15]，對鄉豪稱之。鄉豪取而嘗之，蜇於口，慘於腹，眾哂而怨之[16]，其人大慚。子，此類也。』」

注釋

1 逌人：心多疑慮、怕事膽小的人。2 順民：聽天由命、安守本分的人。3 坐殺：整天閒坐，反會致病而死。4 啜菽：吃大豆。茹藿：吃豆葉。茹，吃食。5 踡急：謂筋節屈曲。6 蘭橘：指香甜的水果。蘭，香草。7 痟（普：yuān；粵：jyn^{1}）：骨節疼痛，骨瘦。心痟：引申為心痛或心酸。8 商：指春秋時宋國。侔地：身處相同的地方。侔，相同。9 縕黂（普：fén；粵：fen^{4}）：麻絮衣。10 東作：指從事農耕。11 隩：通「燠」，暖和。12纊：絲綿。13暄：暖和。14戎菽：也作「荏菽」，大豆。15枲莖：胡麻莖。芹萍子：即芹菜，有香味，可食。16哂：笑。

譯文

楊朱說：「人們之所以不得休息，是為了四件事：一為長壽，二為名譽，三為地位，四為貨財。有這四件事，就會怕鬼，怕人，怕權勢，怕刑罰，這樣的人叫遁人。他們或者死或者活，都受外物的制肘。

「不認命，何以羨慕長壽？不注重顯貴，何以羨慕名聲？不追求權勢，何以羨慕地位？不貪圖富有，何以羨慕貨財？這樣的人叫順民。不必和天下對抗，掌握命運在於自己。

「因此有句話說：『人不婚嫁不當官，欲望少了一大半；人不穿衣不吃飯，君臣之道可停止。』周代諺語說：『農夫累不死，坐殺會閒死。』早出晚歸，自己以為是常性常理；吃粗糧野菜，自己以為味道最美；肌肉粗壯，筋節屈曲，一旦躺在柔軟的被子上、絲綢的帳幕中，送上美味肉食、香甜的水果，反而心瘦痛，身體煩悶，內熱生病。宋國、魯國的君主身處與農夫相同的地方，不消多久，他們也會疲憊不堪。所以農夫所安心的，農夫所喜歡的，天下沒有比得上的東西了。

「從前宋國有個農夫，常常穿破麻絮棉衣，勉強熬過冬天。到了春天，下田幹活，在太陽下暴曬，想不到天下還有大廈溫室、絲棉皮裘。他回頭對妻子說：『背着太陽的暖和，沒有人知道的；我要獻給國王，一定會有重賞。』同鄉的富戶告訴他：『以前有個人喜歡吃大豆、胡麻莖、芹菜，並跟鄉里的富豪大讚美味。富豪就拿來吃，誰料刺痛了口，痛在肚裏。大家都譏笑並埋怨那個農民，他大為慚愧。你，就是這種人！』」

賞析與點評

楊朱依據道家的思考方式，用諺語和故事表達人生的思考不應偏重一個方面，要能跳出自己的限制，把握道的規律。例如喜歡長壽，是因為不認命；羨慕名聲，因為注重顯貴。往往一事二面，反常合道。

楊朱曰：「豐屋、美服、厚味、姣色，有此四者，何求於外？有此而求外者，無厭之性。無厭之性，陰陽之蠹也[1]。

「忠不足以安君，適足以危身；義不足以利物，適足以害生。安上不由於忠，而忠名滅焉；利物不由於義，而義名絕焉。君臣皆安，物我兼利，古之道也。

「鬻子曰：『去名者無憂。』老子曰：『名者實之賓[2]。』而悠悠者趨名不已[3]。名固不可去？名固不可賓邪？今有名則尊榮，亡名則卑辱；尊榮則逸樂，卑辱則憂苦。憂苦，犯性者也；逸樂，順性者也，斯實之所係矣[4]。名胡可去？名胡可賓？但惡夫守名而累實。守名而累實，將恤危亡之不救[5]，豈徒逸樂憂苦之間哉？」

注釋

1 陰陽之蠹：自然界的害蟲。2 名者實之賓：語出《莊子．逍遙遊》。意即真實是主，名聲是客，名聲依據真實而來。3 悠悠：眾多。4 斯：此。指名。係：同「繫」，縛。5 恤：憂慮。

譯文

楊朱說：「大屋、華服、玉食、美色，有這四樣東西，還要向外面追求什麼呢？有了這四樣東西還要向外面追求的，是貪得無厭的本性。貪得無厭的本性，是損害陰陽調和的害蟲。

「忠誠不足令君主安心，恰恰足以危及自身；道義不足以利益外物，恰恰足以傷害生命。令君主安心不依靠忠誠，而忠誠的名聲就消滅了；利益外物不依靠道義，而道義的名聲就滅絕了。君主和臣下都得安心，外物和自身同時得利益，這是古代的道理。

「鬻子說：『去掉名聲的人沒有憂慮。』老子說：『名聲是真實的從屬。』但眾多的人在不停追逐名聲。名聲本來就不可去掉嗎？名聲本來就不可當作從屬嗎？現在有名聲就尊貴光榮，沒名聲就低賤屈辱；尊貴光榮就逸樂，低賤屈辱就憂苦。憂苦，是違背人性的；逸樂，是符合人性的。這樣看來，名聲和真實真是捆在一起。名聲怎麼可擯棄呢？名聲怎麼能當作從屬呢？只管厭惡守着名聲，損害真實罷了。守着名聲而損害真實，將會憂慮救助不了危急滅亡，怎會只是徘徊在逸樂和憂苦之間呢？」

賞析與點評

反覆提及名聲，認為名聲是令人擔憂、不得安閒的重要障礙。名聲是從屬於真實的，既然如此，那些只管守着名聲的想法，根本就在損害真實。

說符篇

本篇導讀——

符是相合、相應的意思。這篇可以說是道的應用篇，羅列了與道相應的事情。有些篇幅較短的故事也列入，文中不一定會交代道理，但是在閱讀這些故事時，要看清故事裏所表現出來的道家思維。有些故事只寥寥數語，看似無甚可觀，但細讀之下，卻是要表現道家的二元相對思考，而這方面的例子多不勝數。

一、壺丘子林提及的主動與被動，及以退為進的道理。

二、關尹所說的知道出去，就知道進入；別人敬愛我，我敬愛別人等的雙邊關係。

三、嚴恢與列子的對話，提出人與禽獸的分別，雖然思想接近儒家，從動物的層面上點出相對性。

四、魯國施氏和孟氏的故事，把相對性放在兩家兒子求聘用的不同結果上，說明因時制宜、把握時機的重要。

五、晉國的盜賊問題很嚴重，怎樣解決呢？兩個方法，一個短暫，一個長遠；一個奇技淫巧，一個平和務實，事有兩面要察看情況。

六、宋國的兩個藝人在不同時間要求賞賜，結果大大不同。一個受賞，一個受刑。

九、楊朱的鄰居為了一隻羊而使眾人去尋找。走上一條大路，卻岔路極多。一種學問，學成後卻有多種的理解。一個人懂得游泳，卻教多人學不曉而喪命。這是一與多的思考。

十二、趙簡子放生雀鳥，本想做好事，卻帶來反效果。

十三、齊國田氏祭祖，成年人與小孩就同一主題表達截然不同的觀點。

十四、大眾與乞兒的觀點，反映了一事之兩面。大眾以行乞為恥，乞兒卻不同意。

十五、拾到契約，以為可以致富，那是以虛假當作真實。

《天瑞篇》以道的規律立論，強調道的哲理及其玄思，以《說符篇》作結，就好像考試題目，要人思考各種不同的人生情況，讓人分析道的規律，由此掌握道的應用。如果說道無處不在，那就要由讀者去尋找和領悟了。

子列子學於壺丘子林。壺丘子林曰：「子知持後[1]，則可言持身矣。」列子曰：

「願聞持後。」曰：「顧若影，則知之。」列子顧而觀影：形枉則影曲[2]，形直則影正。然則枉直隨形而不在影，屈申任物而不在我，此之謂持後而處先。

注釋

1持後：持，持守；後，退讓，不與人爭先。2枉：屈曲。

譯文

列子向壺丘子林學道。壺丘子林說：「你懂得持守退讓，就可以說持身了。」列子說：「願意聽聽持守退讓的意思。」壺丘子林說：「看看你的影子，就知道了。」列子回頭察看身影：身體屈曲，影子就隨着彎曲；身體伸直，影子也隨着伸直。那麼，彎曲和伸直依據於身體而不在影子；正如彎曲和伸直聽任於事物也不在自己身上，這就是持守退讓而佔先的意思。

賞析與點評

壺丘子林通過身體與影子的關係，以表達老子所說的以退為進的道理。希望列子學習影子，要在人後，不在人前，伺機而動，表面上被動，實質上主動，這樣才能佔先。

關尹謂子列子曰：「言美則響美，言惡則響惡；身長則影長，身短則影短。名也者，響也；身也者，影也。故曰：慎爾言，將有和之；慎爾行，將有隨之。是故聖人見出以知入，觀往以知來，此其所以先知之理也。

「度在身[1]，稽在人[2]。人愛我，我必愛之；人惡我，我必惡之。湯、武愛天下，故王；桀、紂惡天下，故亡，此所稽也。稽度皆明而不道也，譬之出不由門，行不從徑也。以是求利，不亦難乎？嘗觀之神農、有炎之德[3]，稽之虞、夏、商、周之書，度諸法士賢人之言[4]，所以存亡廢興而非由此道者，未之有也。」

注釋

1度：禮度、法度或度量標準。2稽：查核，考核。3有炎：炎帝。傳說中上古姜姓部族領袖，與黃帝聯合擒殺蚩尤，成為中原各族的共同祖先。另一種說法，神農氏即為炎帝，曾嘗百草，教人治病。4度：推測，估量。法士：重視禮法的士子。

譯文

關尹對列子說：「說美麗的話，回響就美麗；說醜惡的話，回響就醜惡；身材高大，影子就高大；身材短小，影子就短小。名聲就是回音；身材就是影子。所以謹慎你的話，將有應答的回聲；謹慎你的行為，將有跟從的影子。因此，聖人看到出去，就知會有進入；觀察過去，就知將來，這就是預先知道的理由。

「法度在自身，考察在他人。別人敬愛我，我必敬愛別人；別人憎惡我，我必憎惡別人。成湯、周武因為愛惜天下百姓，所以稱王；夏桀、商紂厭惡天下百姓，所以敗亡，這就是考察。考察的標準明確但不走這方面的道路，譬如走出去不經由門口，行走不依循方法。就這樣去追求利益，不困難嗎？我曾經察看了神農、炎帝的德行，考核了虞舜、夏禹、商湯、周武的典籍，審度了那些重視禮法的士子和賢士的話，存亡興廢不遵循這道理的，從來沒有。」

賞析與點評

關尹的話，是二元相對思考的例釋。知道出去，就知道進入；別人敬愛我，我亦敬愛別人。這些雙邊關係，在物事性質上的正與反，在人際立場上的別人與我，在在都體現這種相對性。

嚴恢曰[1]：「所為問道者為富[2]，今得珠亦富矣，安用道？」子列子曰：「桀、紂唯重利而輕道，是以亡。幸哉余未汝語也！人而無義，唯食而已，是雞狗也。強食靡角[3]，勝者為制，是禽獸也。為雞狗禽獸矣，而欲人之尊己，不可得也。

人不尊己，則危辱及之矣。」

注釋

1嚴恢：人名，列子的弟子。2問：即是學，學習之意。3強食靡角：為了飽食而相互爭鬥。強，硬要。靡，共同。角，以力鬥。

譯文

嚴恢說：「那些人學道目的是財富，現在我得到珠寶，已然富有，還要用什麼道呢？」列子回答：「夏桀、商紂只重利益而輕視道，所以敗亡。幸好我還沒有跟你說，人如果沒有道義，只知吃喝，是雞狗罷了！為了飽食，相互爭鬥，得勝就可以主宰，是禽獸罷了。做了雞狗禽獸，希望別人尊重自己，是不可能的。別人不尊重自己，危險和屈辱就到來了。」

賞析與點評

列子提出人與禽獸的分別，思想接近儒家。從列子的話得知，道義與尊重是非常重要的行為態度，甚至是價值取向。人與禽獸的分別，也是相對而言。

列子曰：「色盛者驕[1]，力盛者奮[2]，未可以語道也。故不班白語道[3]，失，而況行之乎？故自奮則人莫之告。人莫之告，則孤而無輔矣。賢者任人，故年老而不衰，智盡而不亂。故治國之難在於知賢而不在自賢[4]。」

注釋

1色：指氣色、血氣，是身體狀況的精神指標。2奮：拚命。3班白：班，通「斑」，即「斑白」。指頭髮花白。4自賢：自以為賢。意即恃仗一己的聰明和才能。

譯文

列子說：「氣血旺盛的人驕傲，體力充沛的人拚命，不可能跟他們談道。因此頭髮還未花白就談道，不會得道，更何況要實行它呢？所以自己拚命的人，不會有人相告；沒有人來相告，就孤立無援了。賢明的人知人善任，所以自己雖然年老，但國家不衰退，智力耗盡，但國家不生亂。所以，治理國家的難點就在於知人善任，而不在於自己賢能。」

賞析與點評

列子認為領袖要懂得用人，而懂得用人，國就安定。自己賢能，自己身強力壯，事事親力親為，會缺乏輔助者，最終只會孤立無援。

魯施氏有二子，其一好學，其一好兵。好學者以術干齊侯[1]；齊侯納之，為諸公子之傅[2]。好兵者之楚，以法干楚王[3]；王悅之，以為軍正[4]。祿富其家，爵榮其親。

施氏之鄰人孟氏，同有二子，所業亦同，而窘於貧。羨施氏之有，因從請進趨之方。二子以實告孟氏。孟氏之一子之秦，以術干秦王。秦王曰：「當今諸侯力爭，所務兵食而已。若用仁義治吾國，是滅亡之道。」遂宮而放之[5]。其一子之衞，以法干衞侯。衞侯曰：「吾弱國也，而攝乎大國之間[6]。大國吾事之，小國吾撫之，是求安之道。若賴兵權[7]，滅亡可待矣。若全而歸之，適於他國，為吾之患不輕矣。」遂刖之[8]，而還諸魯。

既反，孟氏之父子叩胸而讓施氏[9]。施氏曰：「凡得時者昌，失時者亡。子道與吾同，而功與吾異，失時者也，非行之謬也。且天下理無常是，事無常非。先日所用，今或棄之；今之所棄，後或用之。此用與不用，無定是非也。投隙抵時[10]，應事無方，屬乎智。智苟不足，使君博如孔丘，術如呂尚[11]，焉往而不窮哉？」

孟氏父子舍然無慍容[12]，曰：「吾知之矣，子勿重言！」

注釋

1干：求取，指求取職位。2傅：指老師、師傅。3法：指行軍之法，與下文呼應。4軍正：軍隊的官長。5宮：宮刑，也稱腐刑，男子去勢，女子幽閉的刑罰。6攝：夾在兩者之中。7兵權：用兵的權謀、策略。8刖：斷足，古代酷刑。9叩胸：即拍打胸部，表示悔恨。讓：責備。10投隙抵時：看準時機，行動及時。投，迎合。隙，間隙，指機會。抵時，及時。11呂尚：即姜子牙，傳說他精通兵法，攻心為上，曾助周武王滅商有功。封齊，為齊國的始祖。12慍容：面上流露着憤怒之情。

譯文

魯國施氏有兩個兒子，一個愛好學問，一個愛好軍事。愛好學問的以學術求取齊侯聘用；齊侯接納了他，令他擔任公子的老師。愛好軍事的兒子到楚國，以兵法求取楚王聘用；楚王喜歡他，委任他為軍正。俸祿令家庭富有，官爵令親戚光榮。施家的鄰居孟氏也有兩個兒子，學習的也相同，窘於貧窮之中，卻羡慕施氏富有，因此前去請教求取的方法。兩個兒子將實情告訴了孟氏。孟氏的一個兒子去了秦國，以學術求取秦王聘用。秦王說：「當今諸侯用力爭霸，他們致力用兵和儲糧。如果用仁義來治國，是通向滅亡的道路。」於是對他施以宮刑然後釋放。另一個兒子去了衞國，以兵法求取衞侯聘用。衞侯說：「我們是弱國，卻夾在強國中間。大國我們侍奉，小國我們安撫，這是求安定的做法。如果依賴用兵的權謀，那滅亡之日就不遠了。假使無條件釋放你，你到了別國去，我國的禍患不會輕。」於是砍斷他的腿才釋放他回魯國。

回到家後，孟氏父子捶胸頓足地責怪施氏。施氏說：「凡把握時機的就昌盛，錯失時機的就滅亡。你們的方法和我們的一樣，但是結果和我們不同，是因為錯失時機，並不是做法不對。而且天下的道理不會永遠正確，天下的事不會永遠錯誤。先前所使用的，現在要放棄；現在放棄的，將來也許要使用。這使用或不用，沒有固定的對與錯。看準機會，行動及時，應付事情沒有定法，這屬於智慧。智慧如果不夠，即使你博學像孔子，用兵像姜太公，怎樣可以一直走而不困窘呢？」

孟家父子釋懷，臉上怒氣消失，說：「我們懂得了，不要再說了！」

賞析與點評

因時制宜，把握時機，運用不同的方法，應付各種事情，是制勝之道。只懂方法，把握不了時機，不會有預期的結果。先後有別，前者得富貴，後者得刑罰，因時制宜的關鍵在於懂變通的智慧。

晉國苦盜，有郄雍者[1]，能視盜之貌，察其眉睫之間，而得其情。晉侯使視盜，千百無遺一焉。晉侯大喜，告趙文子曰：「吾得一人，而一國盜為盡矣，奚用多為？」文子曰：「吾君恃伺察而得盜，盜不盡矣，且郄雍必不得其死焉。」俄而羣盜謀曰：「吾所窮者郄雍也。」遂共盜而殘之[2]。

晉侯聞而大駭，立召文子而告之曰：「果如子言，郄雍死矣！然取盜何方？」文子曰：「周諺有言：察見淵魚者不祥，智料隱匿者有殃[3]。且君欲無盜，莫若舉賢而任之；使教明於上，化行於下，民有恥心，則何盜之為？」於是用隨會知政[4]，而羣盜奔秦焉。

注釋

1 郄雍：有異能的人。2 殘：殺害。3 智料：以智慧來推測。4 隨會：晉大臣。知政：主持政事。

譯文

晉國苦於盜賊為患，有個叫郄雍的人，能夠觀察盜賊的容貌，細看眉毛和睫毛之間，就能辨別他們。晉侯派他觀察盜賊，千百個盜賊中沒有一個遺漏。晉侯非常高興，告訴趙文子說：「我依靠一個人，一國的盜賊都沒有了，還用多做嗎？」文子說：「國君您依憑觀察來捕捉盜賊，但盜賊是捉不完的，而且郄雍必定不得好死。」過了不久，眾盜賊商議說：「令到我們山窮水盡的是郄雍。」於是合力把郄雍殺死。晉侯聽到後大為驚駭，立刻召見趙文子，告訴他說：「果然如你所說，郄雍死了！那怎樣捕捉盜賊呢？」文子說：「周人的諺語說：看到深淵的魚不吉祥，用智推測匿藏者會遭殃。而且君王想除去盜賊，不如推舉賢明的人來任用；使上位的政教清明，下位的教化得以推行，人民有了羞恥之心，還做什麼強盜呢？」於是，晉侯任用隨會主持政事，眾盜賊逃往秦國去了。

賞析與點評

以異能解決問題是暫時的方法，一旦異能沒有了，盜賊問題仍然存在。盜賊並非來自無有，盜賊形成與國家人民素質及貧富有關。什麼是長遠解決盜賊的方法？就是從國家的政教和人民的教化着手，人民素質提高了，盜賊自會減少。這節所透露出的道家思維，就是事情的相對性：一個短暫，一個長遠；一個奇技淫巧，一個平和務實，事有兩面要察看情況。

宋有蘭子者[1]，以技干宋元[2]。宋元召而使見其技[3]，以雙枝長倍其身[4]，屬其脛[5]，並趨並馳，弄七劍迭而躍之，五劍常在空中。元君大驚，立賜金帛。

又有蘭子又能燕戲者聞之[6]，復以干元君。元君大怒曰：「昔有異技干寡人者，技無庸[7]，適值寡人有歡心，故賜金帛。彼必聞此而進，復望吾賞。」拘而擬戮之[8]，經月乃放。

注釋

1蘭子：以技藝表演為生的人，舊指走江湖的人。2宋元：即宋元君，亦作宋元王。3見：同「現」。4雙枝：兩根木杆。5屬：連接。脛：同「脛」，小腿。6燕戲：輕疾如燕的古代雜技。7庸：用。8戮：羞辱。

譯文

宋國有個藝人，想以技藝表演求取宋元君的賞賜。宋元君召見他要看他的技藝，他用兩根比身體長一倍的長杆連接在小腿上，合着向前奔跑，手上還輪流拋接七把劍，有五把劍常常拋飛空中。宋元君大為驚訝，立即賞賜金子和布帛。又有藝人，能表現燕子雜技，聽說這件事，又求取宋元君的賞賜。宋元君大怒說：「之前有人用奇技求取我賞賜，技藝本無用處，正好討我歡心，所以賞給金子和布帛。那個人一定聽說這件事才來的，也希望得到我的賞賜。」宋元君把他關起來打算羞辱他，一個月後才把他釋放。

賞析與點評

兩個藝人在不同時間要求賞賜，結果大大不同。一個受賞賜，一個受刑罰。不同的待遇，源自時機的掌握、智慧的運用。

楊朱曰：「利出者實及[1]，怨往者害來。發於此而應於外者唯請[2]，是故賢者慎所出。」

注釋

1 利出：利益豁出。實及：實，真誠，真實。及，到來。2 請：通「情」，情感。

譯文

楊朱說：「利益豁出，真誠到來；怨恨送往，禍害就來。由此表達，外面回應的，只有情感，所以賢人謹慎自己的言行。」

賞析與點評

情感的發出是兩方面的，沒有了利益關係，真誠就來；怨恨予人，禍害就來。怎樣對人，人就怎樣對自己。情感的表達自有相對性，謹言慎行可避免人事的問題。

楊子之鄰人亡羊，既率其黨，又請楊子之豎追之[1]。楊子曰：「嘻！亡一羊何追者之眾？」鄰人曰：「多歧路。」既反，問：「獲羊乎？」曰：「亡之矣。」曰：「奚亡之？」曰：「歧路之中又有歧焉。吾不知所之，所以反也。」楊子戚然變容[2]，不言者移時，不笑者竟日。門人怪之，請曰：「羊，賤畜，又非夫子之有，而損言笑者，何哉？」楊子不答。門人不獲所命。弟子孟孫陽出以告心都子[3]。

心都子他日與孟孫陽偕入，而問曰：「昔有昆弟三人，游齊、魯之間，同師而學，進仁義之道而歸[4]。其父曰：『仁義之道若何？』伯曰[5]：『仁義使我愛身而後名。』仲曰[6]：『仁義使我殺身以成名。』叔曰[7]：『仁義使我身名並全。』彼三術相反，而同出於儒。孰是孰非邪？」

楊子曰：「人有濱河而居者，習於水，勇於泅，操舟鬻渡[8]，利供百口。裹糧就學者成徒[9]，而溺死者幾半。本學泅，不學溺，而利害如此。若以為孰是孰非？」心都子嘿然而出[10]。孟孫陽讓之曰：「何吾子問之迂，夫子答之僻？吾惑愈甚。」

心都子曰：「大道以多歧亡羊，學者以多方喪生[11]。學非本不同，非本不一，而末異若是。唯歸同反一，為亡得喪。子長先生之門，習先生之道，而不達先生之況也[12]，哀哉！」

注釋

1豎：未成年的僮僕。2戚然：憂傷的樣子。3孟孫陽：楊朱的弟子。心都子：與楊朱同時的學者。4進：通「盡」，通曉全部。5伯：老大。6仲：老二。7叔：老三。8鬻渡：以擺渡謀生的生意。鬻，賣，指經營。9裹糧：攜帶熟食乾糧，準備出門。10嘿：同「默」。11多方：各種方向。喪生：指喪失生命。12況：比擬，譬喻。

譯文

楊朱的鄰人丟失了一隻羊，他率領全家，又請楊朱派童僕追尋。楊朱說：「哈！丟失一隻羊，為什麼要這麼多人去追呢？」鄰人回答：「岔路太多了。」返家後，楊子問：「羊找到了嗎？」鄰人回答：「沒有了！」楊子問：「怎麼會沒有呢？」回答：「岔路之中又有岔路，我不知道往哪裏，所以回來。」楊朱臉色變得很憂傷，很長時間不說話，整天沒有笑容。門人很奇怪，問道：「羊，下賤的畜生，又不是先生擁有的，為此不說不笑，為什麼呢？」楊子不回答。門人不知道他的意思。弟子孟孫陽走出來把事情告訴了心都子。

有一天，心都子和孟孫陽一同走進楊朱的房間，問道：「從前有兄弟三人，在齊國和魯國之間遊歷，拜同一位老師學習，通曉仁義的道理後回家。他們的父親問：『仁義的道理是怎樣的？』老大說：『仁義使我愛惜生命而把名譽放在後面。』老二說：『仁義使我犧牲生命來成就名聲。』老三說：『仁義使我同時保全生命和名聲。』他們三人的說法相反，但同樣出自儒家。誰對誰錯呢？」

楊朱回答：「有個人在河邊上居住，熟悉水性，勇於游泳，以撐船擺渡為生，利潤可以養活百人。備乾糧來學習的人成為徒眾，但溺斃的幾乎一半。他們本來學游泳，不學溺斃，而利弊就像這樣。你認為誰對誰錯呢？」心都子默默地出來。孟孫陽責備他說：「為什麼你問得那麼曲折，先生又回答得那麼古怪呢？我很是迷惑。」

心都子說：「道路因為岔路太多而失掉羊，求學問的人也因為治道的方法太多而喪命。學習並非本來不相同，並非不一樣，到最後卻有這樣的差異。只有回歸同一，才不會為失去而喪命。你是先生的弟子，學習先生的道理，卻不懂先生打的比喻，可悲呀！」

賞析與點評

這是概念一與多的反思。為了一隻羊而眾多的人去尋找；走上一條大路，卻岔路極多。一種學問，學成後卻有多種的理解；一個人懂得游泳，卻令多人學不曉而喪命。楊朱認為回歸到同一，才可以免去因學習而帶來的喪命危險。

楊朱曰：「行善不以為名，而名從之；名不與利期，而利歸之；利不與爭期，而爭及之：故君子必慎為善。」

譯文

楊朱說：「做善事不是為了得到名聲，但名聲隨之而來；名聲並不預期帶來利益，但利益會到來；利益並不預期起爭執，但爭執會到來：所以君子必定謹慎行善。」

賞析與點評

事物的出現會有連鎖效應。行善，名聲來，利益來，爭執來。但是行善時並未預期出現這樣的結果，君子因為知道有這樣的效應，所以君子謹慎行善。

昔人言有知不死之道者[1]，燕君使人受之[2]，不捷[3]，而言者死。燕君甚怒，其使者將加誅焉。幸臣諫曰[4]：「人所憂者，莫急乎死，己所重者，莫過乎生。彼自喪其生，安能令君不死也？」乃不誅。有齊子亦欲學其道，聞言者之死，乃撫膺而恨。富子聞而笑之曰：「夫所欲學不死，其人已死而猶恨之，是不知所以為學。」

胡子曰：「富子之言非也。凡人有術不能行者有矣，能行而無其術者亦有矣。衛人有善數者[5]，臨死以決喻其子[6]，其子志其言而不能行也。他人問之，以其父所言告之。問者用其言而行其術，與其父無差焉。若然，死者奚為不能言生術哉[7]？」

注釋

1不死：指長生不死。2受：援引，接見。3不捷：指沒有成功。4幸臣：幸，通「倖」，喜愛。君主所寵愛的臣子。5數：算術。6決：通「訣」，祕訣。7生術：指長生不死之術。

譯文

過去有人說有個知曉長生不死之術的人，燕國君主派人援引，不成功，而那個知曉不死之道的人死了。燕王甚為憤怒，要處死使者。燕王的寵臣規勸說：「人所憂慮的事情，沒有比死更急切；自己所重視的東西，沒有比生命更重要的了。他自己都喪命了，又怎能讓您長生不死呢？」燕王聽罷，就沒有處死使者。

有個人叫齊子，也想學習那不死之術；聽說他人已死的消息，便拍胸悔恨。富子聽見，笑他說：「你想學的是長生不死，那個人已經死了，而你還悔恨，是不知道學習為了什麼。」

胡子說：「富子的話錯啦！大凡掌握道術但不能實踐的人是有的，能夠實踐但不懂道術的人也是有的。衞國有個擅長算術的人，臨死前把訣竅告訴他的兒子。兒子記下父親的口訣但不會使用。別人來請教他，他就用父親所說的話告訴別人。來問的人用他的話施行他的技術，水平和他父親沒有差別。要是這樣，那個死去的人為什麼不可以説長生不死的方術呢？」

賞析與點評

這個故事談知行問題。知道和實行可以沒有必然關係，知道道術與實行道術未必全部等同。知道未必能實踐出來，可以實踐出來卻不一定知道那種道術。知與行的關係未必一一對應。

邯鄲之民以正月之旦獻鳩於簡子[1]，簡子大悅，厚賞之。客問其故。簡子曰：「正旦放生，示有恩也。」客曰：「民知君之欲放之，故競而捕之，死者眾矣。君如欲生之，不若禁民勿捕。捕而放之，恩過不相補矣。」簡子曰：「然！」

注釋

1 正月之旦：即「正旦」，正月初一。鳩：斑鳩。簡子：趙簡子，即趙鞅，春秋末年晉國的卿。

譯文

邯鄲的百姓在正月初一把斑鳩獻給趙簡子，趙簡子非常高興，重賞他們。有門客問是為了什麼。趙簡子說：「正月初一放生，用來表明我的恩德。」門客說：「百姓知道您想放生，所以爭相捕捉，斑鳩死去的也不少！您如果想讓斑鳩活下去，不如禁止百姓捕捉。捉了來又放生，恩德抵不上罪過了。」趙簡子說：「對！」

賞析與點評

原來在放生，在表示恩德的背後，有些反放生及反恩德的因素存在。人間的顛倒相在這節裏表露無遺。

齊田氏祖於庭[1]，食客千人。中坐有獻魚雁者[2]，田氏視之，乃歎曰：「天之於民厚矣！殖五穀，生魚鳥以為之用。」眾客和之如響[3]。

鮑氏之子年十二，預於次[4]，進曰：「不如君言。天地萬物與我並生，類也[5]。類無貴賤，徒以小大智力而相制，迭相食[6]；非相為而生之。人取可食者而食之，豈天本為人生之？且蚊蚋噆膚[7]，虎狼食肉，非天本為蚊蚋生人、虎狼生肉者哉？」

注釋

1祖：祭祀祖先。2魚雁：魚和雁。3和：附和。響：回聲。4預於次：預，參與。次，行列、隊伍。5類：類別、種類。6迭相食：迭相，相繼和接連之意。相繼被吃。7噆：叮，咬。

譯文

齊國田氏在大堂上祭祀祖先，前來的有千多個客人。祭祀之中，有人獻上魚兒和雁鳥，田氏看見，感慨地說：「上天對百姓的恩澤真深厚！繁殖五穀、生產魚鳥來供我們享用。」眾客人附和有如回聲。

鮑氏的孩子十二歲，參加了祭祀的行列，上前說：「我的看法不像您所說的。天地萬物和人共同存在，類別相同。既是同類就並沒有貴賤之分，只是形體大小和智力不同而相互制約，相繼被吃，並不是相互為對方而活。人拿取可吃的東西吃，怎會是上天本為人創生的呢？而且蚊蟲咬人肌膚，虎狼吃肉，也不是上天本為蚊蟲創生人、為虎狼創生肉的吧？」

賞析與點評

成年人與小孩就同一主題表達了截然不同的觀點。成年人認為人在萬物之中是超然的，是在上天的蔭庇下生活。小孩則認為萬物生而平等，上天對各種物類也一視同仁，所不同的，是萬物自身的條件。

齊有貧者，常乞於城市。城市患其亟也[1]，眾莫之與。遂適田氏之廄，從馬醫作役而假食[2]。郭中人戲之曰[3]：「從馬醫而食，不以辱乎？」乞兒曰：「天下之辱，莫過於乞。乞猶不辱，豈辱馬醫哉？」

注釋

1 亟：急迫，急需。2 假食：求食。3 郭：即廓，外城。這裏指城市。

譯文

齊國有個窮人，經常在城裏的市集上行乞。市集上的人擔心他常常來，大家不肯再施捨給他了。他只好到田氏的馬廄裏，跟馬醫做僕役求食。城裏的人戲弄他說：「跟馬醫求食，你不感到羞恥嗎？」乞兒說：「天下沒有比行乞更加羞恥的事情了，我行乞都不覺得羞恥，難道跟馬醫會羞恥嗎？」

賞析與點評

大眾與乞兒的觀點，反映了一事之兩面。大眾以行乞為恥，乞兒不同意，只是大家不施捨，乞兒無計可施，為了求食轉投另一份工作。對於乞兒沒羞恥可言，目的在求食，維持生計，並不視工作為有貴賤之分。

宋人有游於道，得人遺契者[1]，歸而藏之，密數其齒[2]。告鄰人曰：「吾富可待矣。」

注釋

1 契：指書契，是具法律效用的契約。2 密：精細、周到。齒：古代書契會書刻兩份，訂契雙方各執一份。契約上有刻齒，作為驗證的憑據。

譯文

宋國有個人在路上遊逛，得別人遺失的書契，他拿回家藏起來，仔細地數算書契上的刻齒。告訴鄰居說：「我距離富貴的日子不遠了！」

賞析與點評

把虛假當作真實，是自我欺騙的一種，結果只會令自己墮入困境，無法自拔。這是二元相對思考的反面例子。

名句索引

一至三畫

一覺一寐，以為覺之所為者實，夢之所見者妄。 〇六九
十年亦死，百年亦死；仁聖亦死，凶愚亦死。生則堯、舜，死則腐骨；生則桀、紂，死則腐骨。腐骨一矣，熟知其異？且趣當生，奚遑死後？ 一八五
人自生至終，大化有四：嬰孩也，少壯也，老耄也，死亡也。 〇三一
九土所資，或農或商，或田或漁；如冬裘夏葛，水舟陸車，默而得之，性而成之。 一三五
大道以多歧亡羊，學者以多方喪生。學非本不同，非本不一，而末異若是。唯歸同反一，為亡得喪。 二三二

四畫

天地含精，萬物化生。 〇二四
天地無全功，聖人無全能，萬物無全用。 〇二六
不知樂生，不知惡死，故無夭殤；不知親己，不知疏物，故無愛憎；不知背逆，不知向順，故無利害。 〇四六
不識感變之所起者，事至則惑其所由然；識感變之所起者，事至則知其所由然。 〇六六
夫至信之人，可以感物也。動天地，感鬼神，橫六合，而無逆者，豈但履危險，入水火而已哉？ 〇五二
夫樂而知者，非古人之所謂樂知也。無樂無知，是真樂真知；故無所不樂，無所不知，無所不憂，無所不為。 〇八六
太古之人知生之暫來，知死之暫往；故從心而動，不違自然所好。 一八三

五畫

生不知死，死不知生；來不知去，去不知來。 〇三八
生民之不得休息，為四事故：一為壽，二為名，三為位，四為貨。 二一二

七畫

吾又安知營營而求生非惑乎？亦又安知吾今之死不愈昔之生乎？ 〇三三
形枉則影曲，形直則影正。 二三〇
我體合於心，心合於氣，氣合於神，神合於無。 〇八九

八畫

往復，其際不可終；疑獨，其道不可窮。 〇二〇
物損於彼者盈於此，成於此者虧於彼。損盈成虧，隨世隨死。 〇三六
物不至者則不反。 一〇二
狀不必童而智童；智不必童而狀童。聖人取童智而遺童狀，眾人近童狀而疏童智。 〇五八
知幻化之不異生死也，始可與學幻矣。 〇六四

九畫

既謂之命，奈何有制之者邪？朕直而推之，曲而任之。自壽自夭，自窮自達，自貴自賤，自富自貧。 一五七
神凝者想夢自消。信覺不語，信夢不達，物化之往來者也。 〇六七

生非貴之所能存，身非愛之所能厚；生亦非賤之所能夭，身亦非輕之所能薄。 一六八

外游者，求備於物；內觀者，取足於身。取足於身，游之至也；求備於物，游之不至也。 ○九七

可在樂生，可在逸身。 一八七

六畫

自長非所增，自短非所損。 一六八

西方之人，有聖者焉，不治而不亂，不言而自信，不化而自行，蕩蕩乎民無能名焉。 ○九一

名者，固非實之所取也。雖稱之弗知，雖賞之不知，與株塊無以異矣。 二○三

有公私者，亦盜也；亡公私者，亦盜也。公公私私，天地之德。 ○四一

有意不心。有指不至。有物不盡。有影不移。髮引千鈞。白馬非馬。孤犢未嘗有母。其負類反倫，不可勝言也。 一○九

在己無居，形物其著，其動若水，其靜若鏡，其應若響。故其道若物者也。物自違道，道不違物。善若道者，亦不用耳，亦不用目，亦不用力，亦不用心。 一一五

哀樂、聲色、臭味、是非，孰能正之？且吾之此言未必非迷，而況魯之君子迷之郵者，焉能解人之迷哉？　〇七九

十畫

窈然無際，天道自會，漠然無分，天道自運。自然者默之成之，平之寧之，將之迎之。　一六五
恣耳之所欲聽，恣目之所欲視，恣鼻之所欲向，恣口之所欲言，恣體之所欲安，恣意之所欲行。　一八八

十一畫

將治大者不治細，成大功者不成小。　二〇八
得意者無言，進知者亦無言。用無言為言亦言，無知為知亦知。無言與不言，無知與不知，亦言亦知。亦無所不言，亦無所不知；亦無所言，亦無所知。　〇九三

十二畫

虛者無貴也。　〇三五
無知也，無能也；而無不知也，而無不能也。　〇二六
無用而生謂之道，用道得終謂之常；有所用而死者亦謂之道，用道而得死者亦謂之常。　一〇一

鄉譽不以為榮，國毀不以為辱；得而不喜，失而弗憂；視生如死，視富如貧；視人如豕，視吾如人。處吾之家，如逆旅之舍；觀吾之鄉，如戎蠻之國。　〇九九

尊禮義以夸人，矯情性以招名，吾以此為弗若死矣。　一九二

十三畫

當死不懼，在窮不戚，知命安時也。　一七四

損一毫利天下不與也，悉天下奉一身不取也。　二〇〇

慎爾言，將有和之；慎爾行，將有隨之。　二三一

察見淵魚者不祥，智料隱匿者有殃。　二三八

十四畫及以上

精神離形，各歸其真，故謂之鬼。鬼，歸也，歸其真宅。　〇二九

實無名，名無實；名者，偽而已矣。　一八〇

橫心之所念，橫口之所言，亦不知我之是非利害歟，亦不知彼之是非利害歟，外內進矣。　〇九五